빛깔있는 책들 103-47

선운사

글/고영섭, 강현, 유마리 ● 사진/손재식

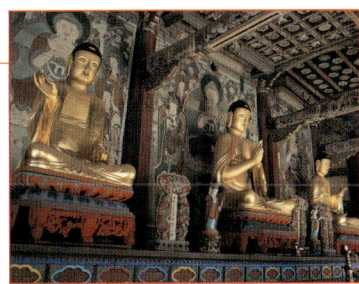

대원사

고영섭(연혁) ─────────

동국대학교 불교학과를 졸업하고, 같은 학교 대학원 불교학과에서 석·박사학위를 받았으며, 고려대학교 대학원 철학과 박사과정을 수료하였다(한국불교사 및 한국사상사 전공). 동국대, 서울대, 강원대, 한림대 등에서 강의하였고, 현재는 동국대학교 불교학과에서 강의하면서 고려대학교 민족문화연구원 연구교수로 있다. 저서로는 『한국불학사』, 『원효, 한국사상의 새벽』, 『문아(원측) 대사』, 『원효탐색』, 『수덕사』(공저), 『새천년에 부르는 석굴암 관세음』 등 다수가 있다.

강 현(건축) ─────────

서울대학교 공과대학 건축학과를 졸업하고 같은 학교 대학원에서 한국건축사를 전공으로 하여 석·박사과정을 마쳤다. 현재 국립문화재연구소 미술공예연구실에서 한국 전통건축의 조사 및 연구 업무를 담당하고 있다. 논문으로는 「읍성의 공간구조 및 건축물 변천에 관한 연구」가 있으며 『한국의 고건축』 제20~22호, 『석등조사보고서-이형식 편』 등 보고서 집필에 참가하였다.

유마리(유물) ─────────

홍익대학교 대학원(문학석사)과 동국대학교 대학원(문학박사: 불교미술사 전공)을 졸업했으며 파리4대학(소르본느)에서 박사과정을 졸업하였다(D.E.A : 동양미술사 전공). 국립중앙박물관 재직시 프랑스정부장학생으로 선발되어 파리 기메국립동양박물관 중앙아시아실에서 연구하였다. 국립중앙박물관과 문화재연구소를 거쳐 현재 궁중유물전시관 전시과장으로 재직중이다. 다수의 논문과 저서가 있다.

손재식(사진) ─────────

신구대학교 사진학과를 졸업하고 불교문화와 산을 소재로 하는 작업을 주로 해오고 있다. 그동안 십여 권의 빛깔있는 책들에 이와 관련된 사진을 실었다.

선운사

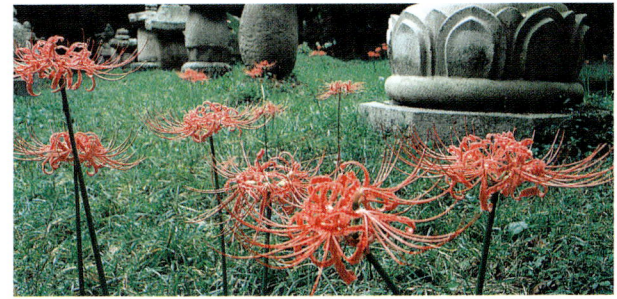

선운사

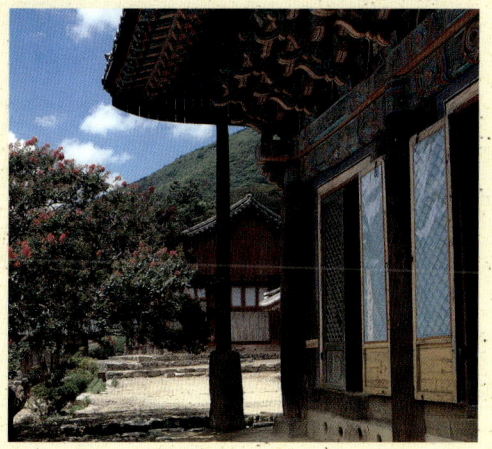

강학과 수선의 도량

　인간의 역사는 흔적과 유물과 기록에 의존한다. 그런데 흔적과 유물 조차도 문자라는 기록의 형식을 빌리지 않고는 인간의 역사로 기술될 수 없다. 인간의 기억은 한계가 있기 때문이다. 아무리 화려한 역사가 있었다 하더라도 그것이 입으로만 전해지고 있다면 그 역사적 가치는 반감될 수밖에 없다. 구전되는 설화는 남에게 들려줄 수 있을지는 몰라도 문자로 기록되지 않는 한 물증으로 보여 줄 수는 없기 때문이다.

　역사는 시간이자 흐름이다. 인간과 자연과 문명은 역사라는 종이 위에 무늬를 남긴다. 그런데 그 무늬가 섬세한 것인지 거친 것인지에 따라 역사가는 해석의 칼날을 벼리게 마련이다. 인간의 역사는 인간의 삶의 흔적이기 때문에 그것이 문자로 올바로 기록되지 않으면 역사는 조만간 단절의 위험에 처하게 된다.

　불교는 연기사관(緣起史觀)을 지향한다. 연기사관은 업설에 기반해 있다. 업설은 역사를 인간의 업의 소산으로 파악한다. 이때 업은 역사의 동인(動因)이지만 실체가 아니다. 때문에 역사가 유기체라면 생성된 유기체는 반드시 소멸하게 된다고 파악한다. 또 소멸하게 되면 다시 생성하게 된다고 이해한다. 따라서 모든 존재는 생성〔成〕과 유지〔住〕

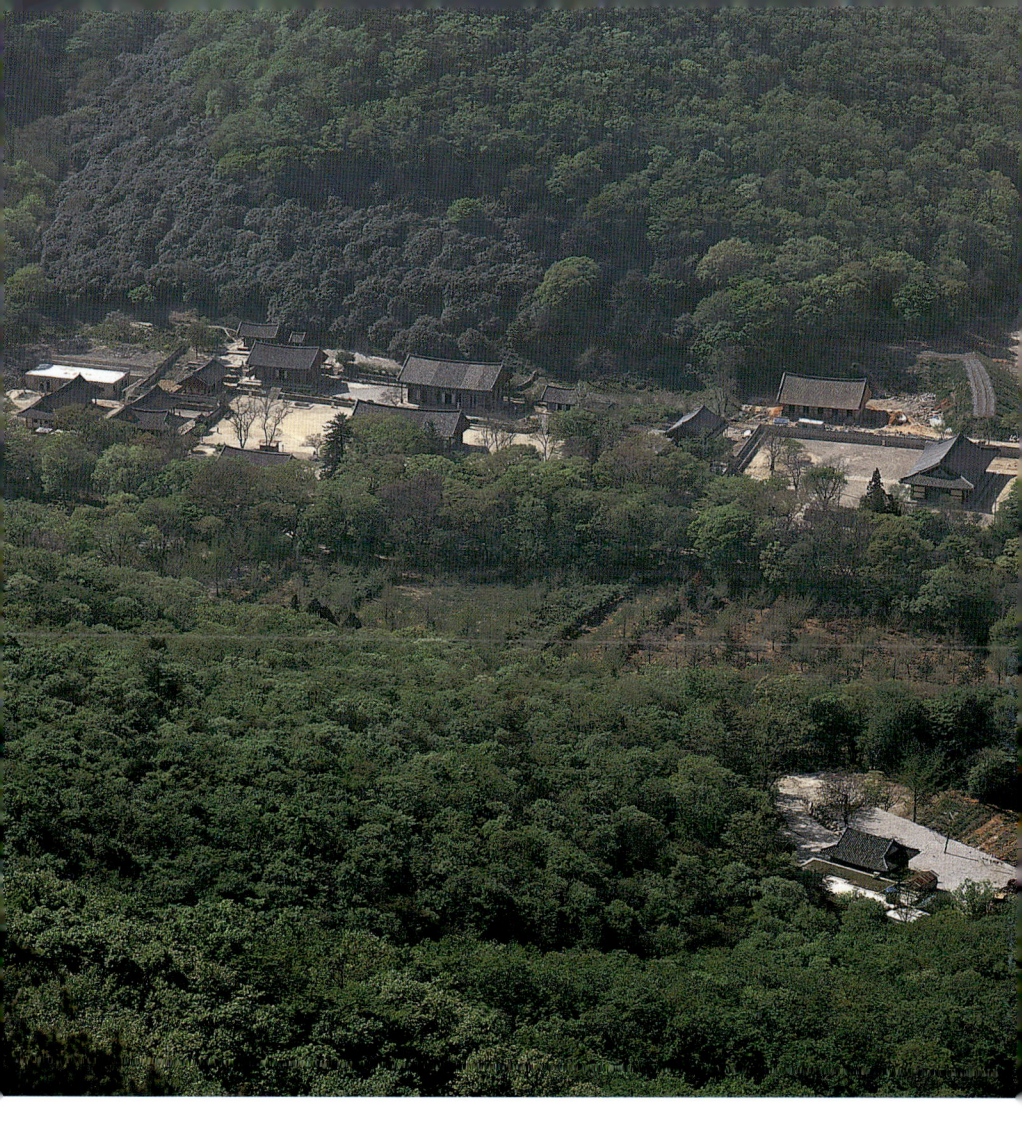

선운사 전경 도솔산 중심부에 자리한 선운사는 가장 번성했던 조선 후기에는 89개의 암자와 24개의 수도굴 그리고 189개의 요사채가 산중 곳곳에 흩어져 있었다고 한다.

와 파괴〔壞〕와 소멸〔空〕을 반복한다. 이처럼 어떠한 고정적 사고에 매이지 않는 불교 사관을 잘못 이해하면 역사인식에 소홀하게 된다. 많은 사찰들에 남은 기록이 부족한 것은 많은 전란 탓도 있지만 역사에 대한 이해 부족 때문에 그렇게 된 경우도 많다. 다행히 후대에나마 뜻 있는 선각자들의 안목에 의해 기록이 만들어졌으나 처음의 사실과 일치하지 않는 곳이 적지 않게 발견된다. 특히 창건에 얽힌 내용은 역사적 사실과는 상당한 거리가 있다.

역사는 인간의 역사일 수밖에 없다. 인간만이 기록을 남길 수 있기 때문이다. 그래서 인간의 삶에는 다양한 가능성이 언제나 내재해 있다. 새로운 각색이나 윤색 역시 당대 사람들의 또 하나의 삶의 흔적으로 이해할 수 있다. 거기에서 우리는 해당된 설화에다 생명성을 부여하려고 한 당대인들의 진실성과 경건성을 엿볼 수 있기 때문이다.

기록에 의하면 선운사(禪雲寺)는 '참선(參禪)'과 '와운(臥雲)'의 뜻이라고도 한다. 또 '노을에 깃들고 구름에 머물면서 참선 수도하여 선정의 경지를 얻고 모든 번뇌를 타파한다'라는 뜻에서 붙인 이름이라고도 한다. 이렇게 세워진 선운사는 조선 후기 이후 참선과 강학 도량으로 이름을 떨쳤다. 특히 조선 후기 선(禪)과 율(律)의 거장이었던 백파 긍선(白坡亘璇)과 환응 탄영(幻應坦泳) 그리고 대강백 영호당 한영(暎湖堂漢永)이 주석한 절로 알려져 있다. 최근에는 시인 미당(未堂) 서정주(徐廷柱)가 이 절 아래에서 태어나 살았던 곳으로도 널리 알려져 있다.

선운사 가람에 담긴 역사

도솔천을 향해 솟은 산

우리는 있는 것〔現實〕과 있어야 할 것〔理想〕 사이에서 갈등하며 살아 간다. 즉 존재와 당위 사이에서 고뇌하면서 살아가는 것이다. 하지만 대부분의 인간들은 욕망으로 불타고 있는 세상 속에 머물면서도 보다 나은 삶의 질을 추구하며 살아가려고 한다.

현실적 인간들은 본능적인 욕망이 불꽃처럼 무성한 세상〔俗界〕 속에 산다. 그러다가 좀더 삶의 질이 나아지면 욕망은 끊었지만 아직은 육체 또는 물질에 대한 집착이 남아 있는 세상〔色界〕에서 살고자 한다. 거기 에서 보다 나은 이상을 추구하는 사람들은 물질에 지배받지 않는 정신 의 세계〔無色界〕에 살고자 한다. 하지만 무명으로부터 비롯된 질긴 업 식으로 인해 그것조차 마음대로 되지 않는다. 그러나 끊임없는 수행을 통해서 비로소 보다 나은 삶을 향해 조금씩 나아갈 수 있다는 것을 확인 해 간다.

불교 우주관에서 보면 욕계, 색계, 무색계의 삼계(三界)는 28천(二十 八天)으로 켜켜이 펼쳐져 있다. 욕계 맨 아래의 지하에는 여덟 개의 지

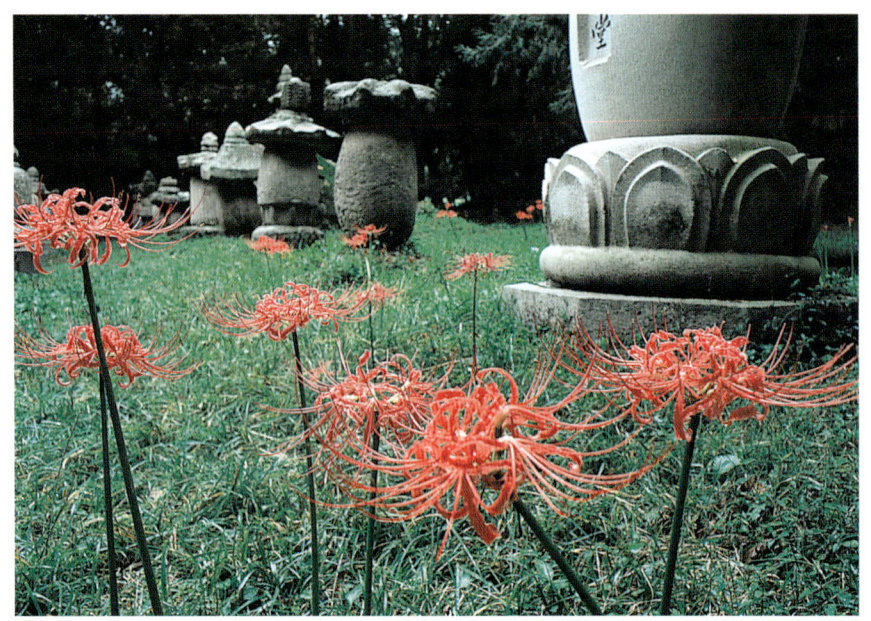

부도밭의 꽃무릇 선운사를 감싼 선운산은 호남의 소금강이라 불릴 만큼 산세가 아담하면서
도 수려하다. 여름에서 가을 사이에 꽃무릇이 연붉은 자주색으로 산사를 뒤덮는다.

옥이 있고 그 위에 우리가 살고 있는 남섬부주(南瞻部洲) 등 지상의 4대
주(四大洲)가 있다. 다시 그 위에 욕계에 딸린 여섯 하늘이 있는데, 도솔
천〔都史多天〕은 그 네 번째에 속한다.

　도솔천 내원궁은 장래 부처가 될 보살의 주거지로 일컬어지며, 석가
모니도 예전에 여기에서 수행하였고 미륵보살도 현재 이곳에서 설법하
고 있다는 곳이다. 이곳의 천인(天人)은 수명이 4천 년, 그 하루 밤낮이
인간계의 400년에 해당한다고 한다.

　선운사는 도솔천을 향해 솟은 바로 이 도솔산(366미터) 자락에 자리
해 있다. 전라북도 고창군 아산면과 심원면에 걸쳐 드리워진 이 산은 북
쪽으로는 곰소만을 건너 변산반도를 바라보며 솟아 있다. 조선 성종 14
년(1483)의 기록에 의하면 도솔산의 형세는 '만 필의 말들이 뛰어오르

는 형상이자 뭇 신하들이 임금과 잔치를 벌이는 모습이며 또 만물의 근원에 돌아간 신선이 모이는 형상'이라고 적혀 있다. 뿐만 아니라 「도솔산참당사고사(兜率山懺堂寺故事)」에 보면 이렇게 기록되어 있다.

　송사(松沙, 茂松과 長沙를 합친 이름) 남쪽에 산이 있으니 고성(高城)이라 하고, 기괴하고 빼어남을 모아 서쪽으로 뻗고 북쪽으로 달려 오십 리에 이르러 별처럼 벌여 있고 바둑알처럼 널려 있는 곳이 이른바 도솔산이다. 여러 봉우리와 빼어난 경색(景色)이 겹겹이 둘러 있어 수십 리 동천(洞天)을 이루었으니 지세는 서쪽으로 찬해 봉도(蓬島, 변산반도)에서 끝나고 법계는 동쪽으로 연사(烟寺, 연기사)에서 접했다.

　고창은 무송과 장사를 합친 송사에서 다시 무장을 거쳐 얻은 이름이다. 도솔산은 고창의 상징이 되는 산이다. 도솔산이 이렇게 절세의 산이다 보니 이 산의 중심부에 자리한 선운사가 가장 번성했던 조선 후기에는 89개의 암자와 24개의 수도굴 그리고 189개의 요사채가 산중 곳곳에 흩어져 있었다 한다. 이처럼 선운사는 이 절의 명물인 동백꽃으로 장엄한 불국토가 도솔산 천지에 재현되었다고 할 만한 사격(寺格)을 지녔던 고찰이다.
　이 도솔산에는 예로부터 동서남북, 상하로 6도솔(암)이 있었다고 한다. 현재의 (하)도솔암에는 아미타불이, 상도솔암(도솔천 내원궁)에는 천장(天藏)지장보살이 모셔져 있다. 서도솔암은 마애불이 있는 터이며, 남도솔암은 진흥굴이 있는 중애사(重愛寺)이다. 동도솔암과 북도솔암은 절터만 남겨져 있다. 이 모두가 도솔천을 향해 솟은 산에 자리한 암자들이다.

창건 연기 설화

무릇 모든 전설과 설화는 어떠한 모티프가 있기 마련이다. 그것은 민중들의 염원이 만들어낸 것이기도 하고, 또 어떠한 사실이 당시의 정황에 맞게 각색되거나 윤색되어 사람들의 입에 오르내리며 첨삭이 가해지기도 한다. 선운사 창건 연기 설화 역시 이 지역 사람들의 기원이 어떠한 형태로 변형되어 만들어진 것이라 생각된다. 선운사에 관한 네 가지의 기록은 창건에 얽힌 설화를 다양하게 언급하고 있다. 『도솔산선운사창수승적기(兜率山禪雲寺創修勝蹟記)』(1707년), 『선운사지(禪雲寺誌)』, 『대법당중수기(大法堂重修記)』(1787년), 『참당사사적기(懺堂寺事蹟記)』(1794년) 등에는 몇 갈래의 설화들이 중첩되어 얽혀 있다. 대표적인 것은 진흥왕 창건설과 검단(檢旦, 黔旦)선사 창건설이다.

진흥왕 창건설

신라의 진흥왕[法雲]이 왕위를 버리고 왕비 도솔(兜率)과 공주 중애(重愛)를 데리고 이곳 선운사 경내로 와서 천연동굴인 좌변굴(左邊窟, 眞興窟)에서 수행하였다. 어느 날 꿈속에서 미륵삼존불과 용이 바위를 가르고 나오는 것을 보고 감동하여 이 굴을 열석굴(裂石窟)이라 하고 중애사를 창건하고 산 이름을 도솔이라고 하였다. 이 중애사가 선운산 내에서 첫번째로 창건한 절이니 이것이 선운사의 시초이다.

검단선사 창건설

선운사 큰 절터는 원래 용이 사는 못[龍湫, 龍潭]이었다. 어느 날 산 밖의 죽포(竹浦)에 돌배[石艇]가 떠왔다. 배 위에서 은은한 노랫소리가 들려 왔으므로 사람들이 배를 끌어 오려 하였다. 그러나 사람들이 접근하면 배는 바다 쪽으로 떠나가고 돌아서면 다시 육지 쪽으로 접근하는 것

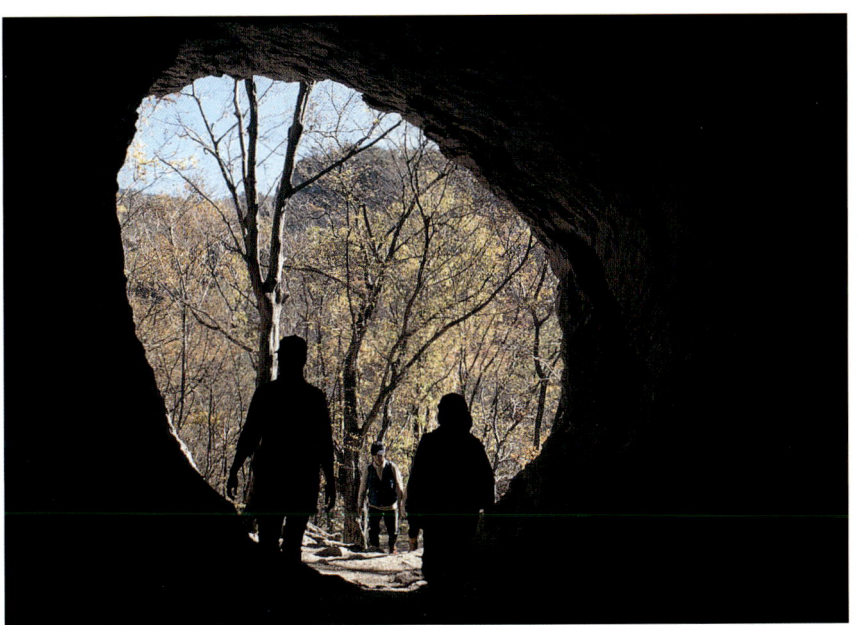

선운사 진흥굴 진흥굴은 도솔암으로 가는 길가에 있다. 신라 진흥왕이 왕위를 버린 뒤 선운
사를 찾아 수행하였다는 암굴로, 길이 10미터, 높이 4미터의 자연동굴이다.

이었다. 소문을 들은 검단선사가 바닷가에 이르자 그토록 달아나던 배가
선사를 향해 스스로 다가왔다. 배에 올라가 보니 그곳에는 삼존불상(석
가모니불·가섭·아난)과 나한상 그리고 대장경 등과 함께 금옷〔金衣〕
을 입은 사람이 타고 있었다. 이 사람은 품 속에서 한 통의 편지를 꺼내
선사에게 주었다. "이 배는 인도에서 왔으며 배 안의 부처님을 인연 있는
곳에 봉안하면 길이 중생을 제도하고 이익되게 하리라." 검단선사는 이
곳의 용을 몰아내고 큰 배에 꼭두각시(인형)를 만들어 태워서 물에 띄우
고 돌을 던져 큰 못을 메워 나갔다. 그런데 이때 이 마을에 눈병이 심하
게 돌았다. 다행히 숯을 한 가마씩 못에 갖다 부으면 금방 낫고는 하였
다. 이런 비상한 도움을 얻어 돌과 숯으로 못을 다 메울 수가 있었다. 검
단선사는 그곳에 절을 창건하고 불상을 봉안하였다.

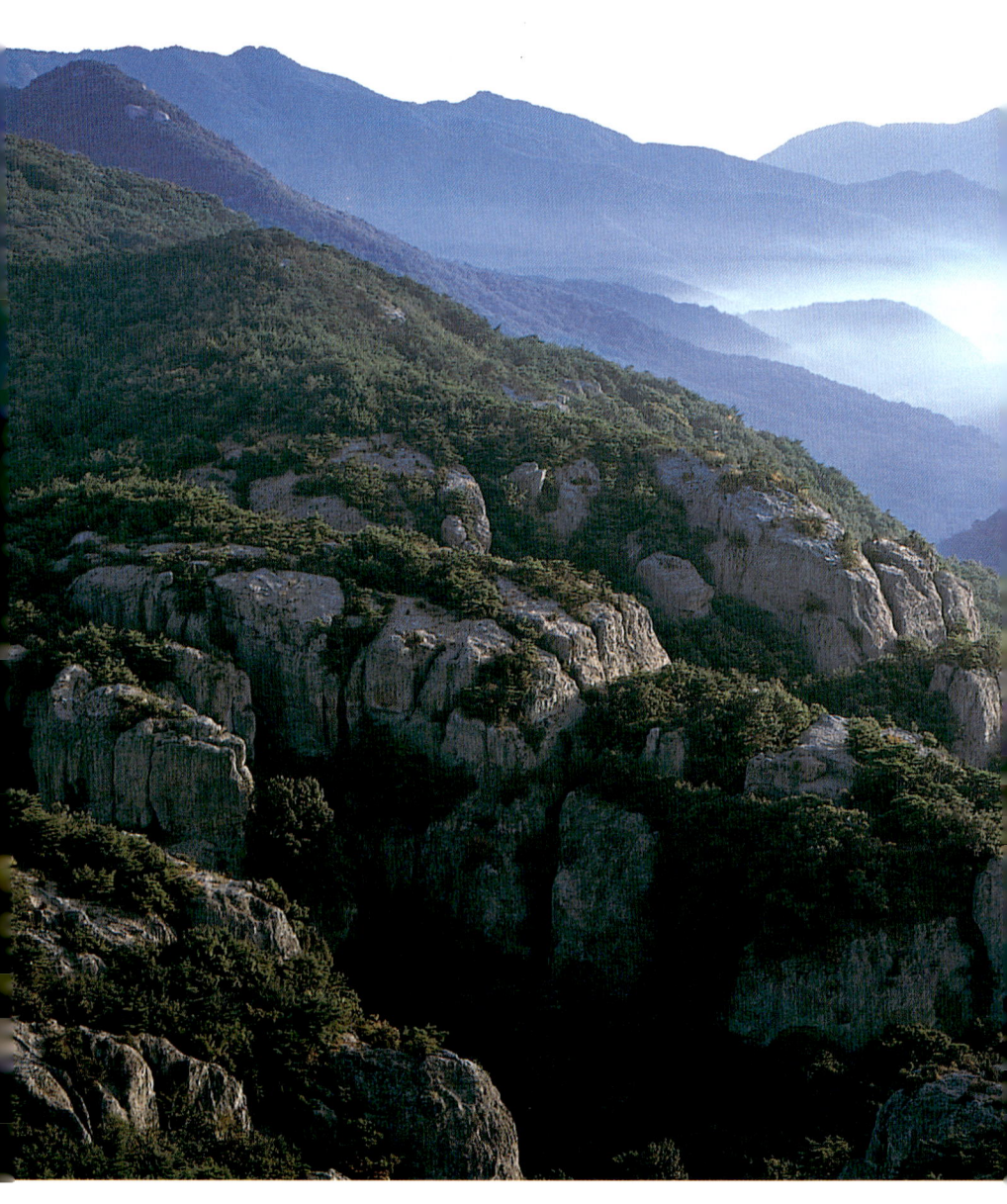

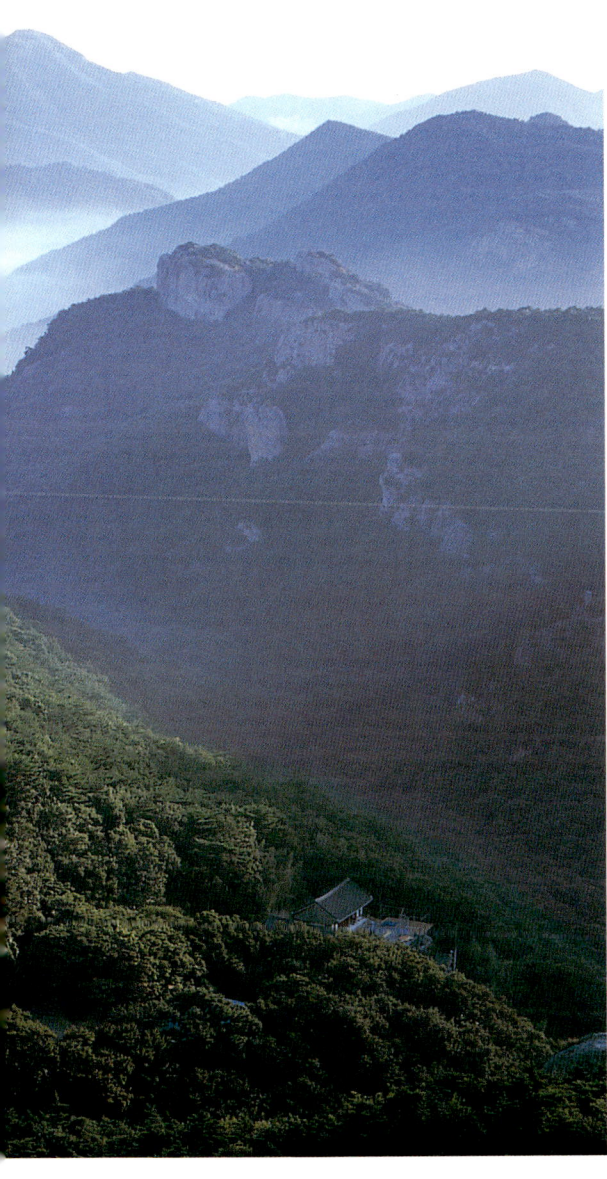

운무에 싸인 도솔산 도솔천
을 향해 솟은 도솔산은 '만물
의 근원에 돌아간 신선이 모
이는 형상'이라고 이를 만큼
그 기세가 예사롭지 않다.

이때 선운사 인근 해변가에는 도적떼가 많았다. 검단선사는 도적들을 불법(佛法)으로 바르게 이끌어 선량한 사람들로 만들고 바닷가에서 소금을 구워 생업으로 삼게 하였다. 먼저 바닷가에 진흙으로 둥글게 쌓아 올려 소금샘을 만들고는 바닷물을 거기에 넣어 걸러서 소금을 굽는 천일염 제조법[鹽田法]을 가르쳐 주었다. 이곳 염전 마을 사람들이 선운사에 소금을 바쳤으므로 이 소금을 보은염(報恩鹽)이라 불렀고 자신들이 사는 마을 이름도 검단선사의 은혜를 기리기 위해 검단리(檢旦里)라 하였다.

이 두 설을 대비해 볼 때 역사적 사실과는 상당한 거리가 있다. 신라 진흥왕대(540~576년)에 이 일대는 백제의 영토였으므로 진흥왕이 만년에 이곳에 들어와서 출가했다는 사실은 믿기가 어렵다. 백제 위덕왕 24년(577)이면 진흥왕이 왕위에서 물러난 지 2년 뒤에 해당된다. 각훈의 『해동고승전』에 의하면 진흥왕은 출가한 뒤 법운(法雲)이라는 법명을 가진 것으로 기록되어 있다.

진흥왕은 백제의 성왕(재위 523~554년)과 함께 나제(羅濟)연합군을 이끌고 고구려에서 한강 유역을 빼앗고 이 지역을 백제와 양분하였다. 그러나 3년이 채 안 되어 백제가 차지한 나머지 한강 유역을 빼앗고 이 지역을 다시 백제와 양분하였다. 그러나 또다시 3년이 채 안 되어 백제가 차지한 나머지 한강 유역마저 빼앗아 버림으로써 나제연합은 깨지고 말았다. 성왕은 중국 남북조와의 해상 교통 요충지인 한강 유역을 되찾기 위해 아들(위덕왕)과 함께 관산성으로 나아가 혈전을 벌였다.

이 싸움에서 마침내 성왕은 전사하고 그 아들이 가까스로 돌아와 왕위를 잇게 되었다. 때문에 위덕왕대(554~598년)와 진흥왕 재위 시절은 신라와 백제 사이에 팽팽한 긴장감이 돌고 있었다. 이때에 진흥왕이 백제의 영토인 고창(무장)에 들어가 선운사를 짓고 수도했다는 '진흥왕 창건설'은 역사적 사실에 부합되지 않는다.

하지만 법흥왕과 왕비의 출가에 이어 조카인 진흥왕〔法雲〕과 왕비〔妙住〕역시 출가하여 수행하였던 역사적 사실에 비추어 볼 때, '진흥왕 창건설'이 수행자였던 '법운(진흥왕) 창건설'로 전이된다면 역사적 사실에 부합될 수 있다.

진흥왕 창건설에 비해 백제의 검단선사 창건설은 역사적 사실에 비교적 가깝다. 몇몇 기록에는 백제의 검단선사가 진흥왕의 스승인 신라의 의운(義雲)선사로 되어 있으나 검단선사로 보는 것이 합당하다고 본다. 또 위덕왕 24년에 의운선사와 동시에 개창하였다는 설 역시 받아들이기 어렵다. 다만 신라의 의운선사가 선운사 창건과 관련되었다는 점에서 선운사가 어떠한 형태로든지 신라불교와 긴밀한 교감을 유지하고 있었다는 사실을 미루어 짐작할 수 있다. 진흥왕이 출가한 뒤 창건했다는 설 역시 같은 맥락에서 이해할 수 있다.

검단선사에 대해 알 수 있는 자료는 없다. 다만 검단선사는 이름처럼 '얼굴이 검어서 밤중에는 옆에 서 있어도 그가 있는지를 알지 못했다'고 한다. 얼굴이 검었다는 점에서 우리나라 해안에 폭넓게 나타나고 있는 인도불교 동점설(東漸說)과 관련되어 있는 듯하다. 팔당댐 근처의 검단산, 강화도나 양주 지역의 4, 5곳에서 보이는 '검단'이라는 지명 등을 종합해 볼 때 '검단'은 신라불교 전래 역사에 나타나는 묵호자(墨胡子, 얼굴이 시커먼 외국인 사내)처럼 남방에서 온 외래인(外來人)의 외형적 특징을 일컬어 부른 명칭과 긴밀한 관련이 있는 것으로 추정된다.

'얼굴이 검었다'는 것을 신라 혹은 백제 일부 지역에 나타났던 불교 초전기 외래인들의 대부분이 '얼굴이 시커먼 사내〔墨胡子〕'라는 것과 연결시켜 볼 때, 또 검단선사가 선운사 인근 해변가의 도적떼들을 이끌어 소금을 구워 생업으로 삼게 하였다는 것으로 볼 때, 그리고 이들이 검단선사가 머물던 선운사에 은혜를 갚기 위해 소금을 바쳤다는 설에 입각해 볼 때, 최근까지도 선운사에 소금을 대어 주는 사업체가 있었던

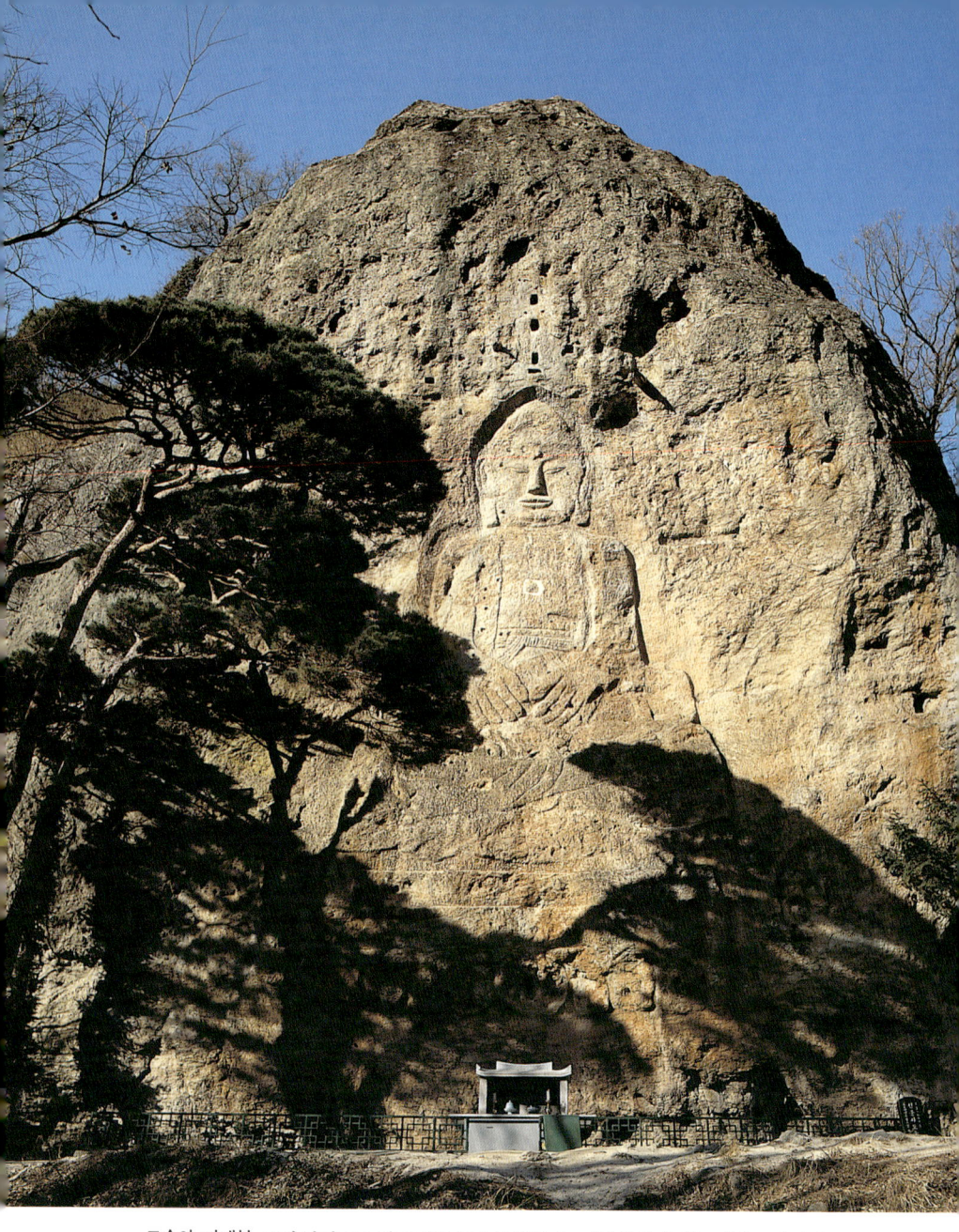

도솔암 마애불 고려 말기 즈음에 조성된 것으로 보인다. 배꼽 부분에 있는 감실 모양의 흔적과 관련된 흥미 있는 전설이 전해지고 있다.

것은 검단선사와 관련된 선운사의 역사 역시 그 뿌리가 지극히 깊었다는 사실을 유추해 볼 수 있다.

이렇게 볼 때 진흥왕 창건설을 인정하든 검단선사 창건설을 인정하든 간에 선운사는 백제 위덕왕대에 창건된 것이 분명하다.

이밖에 칠송대(七松臺)라 불리는 암봉의 남쪽 벼랑에 새겨진 도솔암의 암각여래상(마애불)에 얽힌 이야기가 있다. 이 석가여래상이 언제 조성되었는지는 알 수 없지만 양식적으로 볼 때 아마도 고려 말기 무렵 새겨진 것으로 보인다. 그런데 이 마애여래상의 배꼽 부분에는 감실처럼 구멍이 뚫려 있는데, 그 속에는 신기한 비결(秘訣)이 들어 있어 이 비결이 나오는 날 한양이 망한다는 유언비어가 널리 퍼졌다고 한다.

그런 이유 때문인지, 1820년 이서구(李書九)가 전라도 관찰사로 부임한 뒤 얼마 안 되어 이상한 조짐을 발견하고 남쪽으로 내려가 도솔암 석불의 배꼽을 떼고 그 비결을 내어 보려는데 때마침 뇌성벽력이 일어나서 그 비결책을 못다 보고 도로 봉해 두었다고 한다. 그때 비결의 첫머리에는 "전라감사 이서구가 열어 본다"라고 쓰여져 있었다는 것이다. 그 뒤에도 어떤 사람이 이 비결을 열어 보고자 했으나 벼락이 무서워 못했다고 전한다.

이후 1892년 동학 접주 손화중(孫華仲)이 비결을 보려다가 벼락이 무서워 보지 못하자 주변에 있던 동학도인 오하영이 "내가 듣건대 그런 중대한 것을 봉할 때에는 벼락살〔霹靂殺〕이라고 하는 것을 넣어 택일하여 봉하면 훗날 사람들이 함부로 열어 보지 못하게 될 것이라는 말을 들었다. (하지만) 내 생각에는 지금 열어 보아도 아무 일이 없으리라고 본다. (왜냐하면) 이서구가 열어 볼 때 이미 벼락이 쳐서 벼락살이 없어졌는데 무슨 벼락이 또 있겠는가. 또 때가 되면 열어 보게 되는 법이니 여러분은 걱정 말고 그 책임은 내가 지겠다"고 했다.

그래서 미리 그 절의 승려 수십 명을 결박해 둔 뒤 청죽 수백 개와 새

끼줄 수천 다발을 구하여 뜬다리를 만들어 석불의 앞면에 안치하고 석불 배꼽을 도끼로 부수고 그 속에 있는 것을 꺼내었다. 일이 끝나자 승려들이 이 사실을 관청에 알렸다. 그날로 무장 원님이 동학군을 모조리 잡아들여 비결책을 내놓고 손화중 등 주모자 두령의 행방을 대라고 취조하였다. 동학군 소두령들은 태형 · 장형 · 주리질로 볼기가 다 헤지고 정강이가 다 부러졌다. 하지만 비결은 이미 손화중이 가지고 사라졌다고 버티며 10여 일 동안 형벌을 받다가 전라감사에게 보고되어 주모자 3명은 모두 강도 및 역적죄로 사형을 받고 남은 100여 명은 엄장(嚴杖)을 맞고 나왔다.

갑오농민전쟁의 '석불비결'은 이렇게 해서 끝이 났다. 하지만 그 후 유증은 매우 컸다. 기울어 가는 나라와 민중의 힘이 만나 어우러진 이 비결 사건은 불과 100여 년 전의 일이다. 그만큼 선운사와 도솔암은 한국 근현대사에서 중요한 공간이었던 것이다.

중창의 역사

우리나라 대부분의 전통 사찰들은 여러 차례 외침을 겪으면서 중창을 거듭하였다. 삼국시대에 건립된 다수의 사찰들이 불타 버리고 고려 말기에 중창한 몇몇 전각들만이 옛 모습을 전하고 있을 뿐이다. 때문에 백제 위덕왕대에 창건된 선운사 역시 백제 멸망 이후 통일신라시대에 어떠한 사격을 지니고 이어져 왔는지 알 수 없다. 더욱이 통일신라 및 고려 초 · 중기 유물과 관련 사료조차 전혀 없는 상태여서 그 역사적 흔적을 자세히 알기는 어렵다.

다만 고려 신종 3년(1200)에 이규보가 지은 『동국이상국집』에 실린 「남행일월기(南行日月記)」에 "고창 지방에 유람왔다가 선운사에 머물렀다"는 내용이 있는 것으로 보아 고려 중기에도 선운사가 고창의 대표적인 사찰로 자리하고 있었음을 추정할 뿐이다.

1200년(고려 신종 3) ─ 이규보의 『동국이상국집』 내의 「남행일월기」에 선운사에 머물렀던 사실 기록.

고려 말, 조선 초·중기

선운사에 관한 구체적인 기록은 고려 말에야 비로소 조금씩 보이기 시작한다. 고려 충목왕 2년(1346)부터 조선 태조 7년(1398)까지 약 52년간 참당사(지금의 선운사 참당암)에서 생회(栍會)가 열린 사실이 확인된다. 생회란 『점찰선악업보경(占察善惡業報經)』에 근거하여 나무 간자인 생(栍)을 가지고 점을 쳐서 악한 과보〔惡報〕가 나오면 그것을 소멸시키고 선한 과보〔善報〕를 얻기 위해 1년을 참회 수행하고 다시 1년이 지난 뒤에 점을 치는 참회 수행 의식이다.

생회는 매년 12월(모두 42회)에 거행되었다. 이 법회는 참당사에서 시행되었으나 산내 여러 암자와 긴밀한 관계 속에서 거행되었던 것으로 보인다. 참당사의 지장보살상들이 이 즈음에 조성된 것이라는 점에서 이 생회는 선운사의 역사에서 중요한 의식이었던 것으로 추정된다. 생회를 거행하면서도 특히 공민왕 3년(1354)에 효정(孝正)이 퇴락한 대웅보전과 요사를 중수함으로써 선운사의 새로운 역사가 시작되었다.

조선시대 초기에 선운사는 숭유억불 정책 아래에서도 생회를 통해서 명맥을 이어 왔으며, 중기에 들어서서야 비로소 오늘날과 같은 모습을 갖추게 되었다. 하지만 그 이후 퇴락하여, 행호 극유(幸浩克乳)의 대중 창 불사가 시작되기까지는 9층석탑(현재는 6층)만 남은 폐사로 남게 되었던 듯하다.

조선 중기에는 성종과 덕원군의 긴밀한 교류를 통해 원찰(願刹)로서의 사격을 지니게 된다. 그 과정에서 사찰의 재정 지원과 제도적 편의를 제공받음으로써 중창 불사에 매진할 수 있게 되었다.

성종 3년(1472) 천리암에 주석하던 행호 극유가 선운사로 내려가 홀로 서 있는 9층석탑을 보고 대웅보전의 중창을 서원했다. 어느 날 꿈에서 영지 신중(靈祇神衆)을 만나 선운사의 중창을 권유받고 감동하여 불사에 착수했다. 성종 4년 나주의 보을정도에 가서 재목 천여 그루를 구해 오고 그해 봄부터 가을까지 기와 20여 가마를 구웠다. 이렇게 시작한 불사를 성종 14년(1483)까지 약 12년 동안 진행하여 대중창 불사를 마무리하였다.

하지만 100여 년이 지난 뒤 선조 30년(1597)에 정유재란을 겪으면서 선운사는 다시 폐허로 변했다. 어실(御室)만이 겨우 화마(火魔)를 벗어날 수 있었다.

1346년(고려 충목왕 2)−참당사에서 조선 태조 7년(1398)까지 42회의 생회(牲會) 개최. 이 무렵 참당사의 지장보살상들 조성. 또 이즈음 도솔암의 석가여래상이 조성됨.

1354년(공민왕 3)−효정(孝正)이 퇴락한 법당과 요사 중수.

1410년(조선 태종 10)−5월 성종이 선왕과 선후(先后)를 위해 수륙법화회(水陸法華會) 개설.

1472년(성종 3)−선운사 천리암(泉利庵)에 주석하던 행호 극유(幸浩克乳)가 선운사의 9층석탑(현재는 6층)을 보고 대웅보전 중창 발원.

1473년(성종 4)−극유가 제자 종념(終念)과 상경하여 성종의 작은아버지인 덕원군(德源君)에게 중창 시주를 청하여 받은 원문(願文)과 선왕선가혼기(先王仙駕魂記)를 어실(御室)에 봉안하고 매년 수륙재(水陸齋) 개설.

1474년(성종 5)−나주의 보을정도에서 재목 천여 그루를 구하고 기와 20여 가마를 구워 2층의 장륙전(丈六殿)과 관음전 건립.

1475년(성종 6) – 극유가 선왕(先王) 선가(仙駕)를 위한 수륙재 크게 개최.

1476년(성종 7) – 극유가 천불대광명전 조성.

1481년(성종 12) – 극유가 지장전, 동상실(東上室), 금당(金堂), 능인전(能仁殿) 건립. 영산회(靈山會) 등 53불회탱(佛會幀) 조성.

1483년(성종 14) –「덕원군별원당선운산선운사중창산세사적형지안(德源君別願堂禪雲山禪雲寺重創山勢事蹟形止案)」 기록.

1573년(선조 6) – 상일(尙日)이 은선암(隱仙庵) 중창.

1575년(선조 8) – 철심(哲心)이 의경암(義敬庵) 중창.

1576년(선조 9) – 상조(尙照)가 은적암(隱寂庵) 중창.

1582년(선조 15) – 경신(敬信)이 상암(上庵) 중창.

1583년(선조 16) – 성문(性文)이 월출암(月出庵) 중창.

1596년(선조 29) – 도암(道岩) 등이 고암굴(高巖窟) 창건.

1597년(선조 30) – 어실(御室)을 제외한 189채 건물 전소.

조선 후기

정유재란으로 폐허가 된 선운사터에 선방 한두 개소를 건립하고 3칸의 대웅보전을 건립하면서 선운사의 역사는 다시 시작되었다. 광해군 5년(1613)에는 당시 무장현감(茂長縣監) 송석조(宋碩祚)가 신운사 주지 일관(一寬)에게 중창을 부탁했다. 일관은 입암사에 수석하던 원준(元俊)과 함께 사방으로 화주(化主)를 구하고 고창 문수리에서 재목을 가져왔다.

현감 송석조가 어실을 구실 삼아 관찰사에게 청하여 문수산에서 열아름쯤 되는 큰 나무 100여 그루를 베었다. 하지만 50여 리가 넘는 먼길까지 큰 나무를 옮길 길이 막연하였다. 더욱이 한밤에 큰비가 내려 재목들이 모두 떠내려갔다. 모두들 놀라 안절부절하였는데, 그날 밤 일관의 꿈속에 한 신령이 나타나 이르는 대로 다음날 아침 절 앞에 흐르는 장연

강 가에 가 보니 과연 재목들이 고스란히 쌓여 있었다. 이러한 불보살의 가호로 인해 선운사의 재중창이 시작되었다. 이를 연보로 정리하면 다음과 같다.

1608년(광해군 1) - 승려 수십 명이 2년간 선방 한두 개소 건립. 그 뒤 3칸 법당 건립.

1613년(광해군 5) - 일관(一寬)이 현감 송석조(宋碩祚)의 발원에 의해 입암산에 주석하는 원준(元俊)과 더불어 5칸 대웅보전 재건립 착공. 상하 누각과 동서의 양실 중건.

1614년(광해군 6) - 봄에 원준이 대웅보전 완공.

1618년(광해군 10) - 일관이 대웅보전 기와 보수 및 단청. 영일(靈日)이 천불전 건립. 웅민(雄敏)이 지장전 건립. 견우(見佑)가 동상실(東上室) 건립. 인해(印海)가 내원암(內院庵) 창건.

1619년(광해군 11) - 탄혜(坦慧)가 부도전(浮圖殿) 건립.

1620년(광해군 12) - 대웅보전 중건. 심우(心佑)가 향운각 건립. 요의(了義)가 정문 건립. 태연(太衍)이 정문 단청. 계수(戒修)가 부도암(浮圖庵) 건립.

1624년(인조 2) - 지정(智晶)이 천왕문 건립.

1633년(인조 11) - 법정(法淨)이 대웅보전 삼존불상 봉안.

1634년(인조 12) - 대웅보전 삼존불상 봉안.

1646년(인조 24) - 정학(淨學)이 동상실 중창.

1648년(인조 26) - 담형(淡逈)이 대웅보전 불상 도금. 도솔암의 석가여래상의 닫집 붕괴.

1656년(효종 7) - 육수(陸修)가 승당(僧堂)을 개건(改建). 정행(淨行)이 승당 기와 보수, 명안(明眼)이 승당 단청.

1658년(효종 9) - 인종(印宗)이 진정당(眞淨堂) 건립. 해인(海印)이 하도솔(下兜率) 창건.

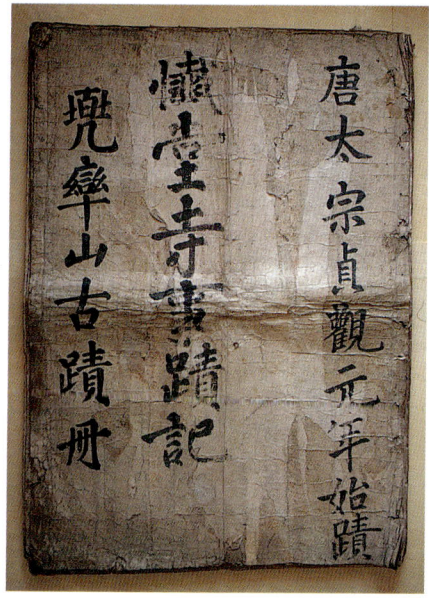

참당사사적기 선운사의 역사를 전하는 여러 문헌 가운데 하나이다. 1794년에 만들어졌으며 선운사 창건 설화 등 선운사에 얽힌 여러 이야기들이 실려 있다.

1659년(효종 10) – 승초(勝楚)가 해납료(海納寮), 삼선료(三仙寮) 건립.

1661년(현종 2) – 의운(義雲)이 대웅보전 기와 보수.

1665년(현종 6) – 학철(學哲)이 석상암(石床庵) 중창.

1666년(현종 7) – 옥능 삼각(玉能三覺)이 지장전 기와 보수. 학철이 청련암 창건.

1668년(현종 9) – 대해(大海)가 천불전 천불 조상. 혜정(慧淨)이 도괘불탱(圖掛佛幀) 조성. 사준(思俊)이 천불전 기와 보수.

1669년(현종 10) – 지휘(智輝)가 천왕문 기와 보수.

1671년(현종 12) – 영조(靈照)가 백련암 창건.

1672년(현종 13) – 사준이 상남암(上南庵) 창건.

1674년(현종 15) – 종민(宗敏)이 천왕문 단청.

1675년(숙종 1) – 덕문(德文)이 시왕전 건립. 사준이 약사전 건립.

1676년(숙종 2)−해준(海俊)이 시왕전 기와 보수. 극호(克浩)가 시왕상 봉안. 약사전 건립.

1677년(숙종 3)−쌍운(雙運)이 천불전 중창. 유선(惟善)과 천호가 나한전과 영자전(影子殿) 건립. 처인(處忍)이 중남암(中南庵) 창건.

1678년(숙종 4)−덕기(德起)가 천불전 단청. 성혜(性惠)가 극락전 건립.

1680년(숙종 6)−선열(禪悅)이 시왕전 중창. 혜정이 정문 중창. 사우(思佑)가 정문 기와 보수. 사준이 천왕상 등 조성.

1681년(숙종 7)−명월(明月)이 나한전 나한존상 조성. 성해(性海)가 나한전 단청.

1682년(숙종 8)−해집(海輯)이 칠성료(七星寮)와 청심료(淸心寮) 건립.

1688년(숙종 14)−경탄(敬坦)이 대웅보전 단청. 일진(一眞)과 법안(法眼)이 후불탱화 조성 봉안.

1689년(숙종 15)−경탄이 정문 단청.

1690년(숙종 16)−일진이 좌우 제석탱(帝釋幀) 조성. 계순(戒淳)이 향적전 기와 보수.

1691년(숙종 17)−선우(善佑)가 대승전(大乘殿) 건립.

1693년(숙종 19)−천성(天性)이 동운암(東雲庵) 창건.

1694년(숙종 20)−경탄이 제공전(諸公殿) 기와 보수.

1697년(숙종 23)−극현(克玄)과 삼정(三淨)이 기와 보수.

1698년(숙종 24)−김우항(金宇抗)이 「선운사중신기(禪雲寺重新記)」 기록.

1699년(숙종 25)−명우(明祐)가 미륵암 창건.

1701년(숙종 27)−희원(希遠)이 대종(大鐘)과 중종(中鐘) 주성(鑄成). 설화(雪和)가 상고(象鼓) 조성. 경준(敬俊)이 왼쪽으로 이건(移建).

1703년(숙종 29)−거사 최태신(崔太信)이 북도솔(北兜率) 창건.

1705년(숙종 31)−태초(太初)와 법총(法聰)이 양계료(養鷄寮)와 양봉료(養鳳寮) 건립.

1706년(숙종 32) - 행성(幸性)이 팔상전 건립. 심경(心鏡)이 팔상탱화 조성.
삼존상 봉안.

1707년(숙종 33) - 심경이 팔상전 삼존등상 조성 및 단청. 현익(玄益)이 「도
솔산선운사창수승적기(兜率山禪雲寺創修勝蹟記)」 기록. 지휘가 백운암
창건.

1709년(숙종 35) - 경문(敬文)이 한산전(寒山殿) 창건.

1710년(숙종 36) - 해운(海雲)이 명심암(明深庵) 주석.

1711년(숙종 37) - 영각(靈覺)이 동상실 중창.

1713년(숙종 39) - 태학(太學)이 2층 장류전 건립. 태경(太敬), 응묵(應默),
봉흠(峯欽) 등이 성도암 창건.

1725년(영조 1) - 뒤에 화엄 대가가 된 설파 상언(雪坡尙言)이 여기서 출가.

1754년(영조 30) - 선운사 천불회도(千佛會圖) 조성.

1778년(정조 2) - 뒤에 설파의 제자이자 선문의 중흥주가 된 백파 긍선이 이
절에서 출가.

1788년(정조 12) - 「대법당중수기(大法堂重修記)」 기록. 대웅보전 내 범종.

1794년(정조 18) - 「참당사고사와 법당기(懺堂寺故事及法堂記)」 기록.

1818년(순조 18) - 범종 개수.

1821년(순조 21) - 2층 장류전을 단층의 영산전으로 개축.

1839년(헌종 5) - 5월에 폭풍우로 인해 대웅보전 오른쪽 2칸이 무너짐. 대웅
보전 보수 착수.

1840년(헌종 6) - 찬성(贊誠), 의홍(義弘), 성찬(誠贊) 등이 대웅보전 보수 완
료 및 단청. 석상 화탱(石像畫幀: 비로자나불회도, 아미타극락회상도) 기
록. 선운사 사적은 17세기에서 19세기 초에 이르는 건물에 관한『전각
요사창건년대방명열목(殿閣寮舍創建年代芳名列目)』에 자세히 기록.

1848년(헌종 14) - 천불전의 상설을 대법당으로 옮기고 전각 철거.

1901년(고종 5) - 팔상탱화 조성.

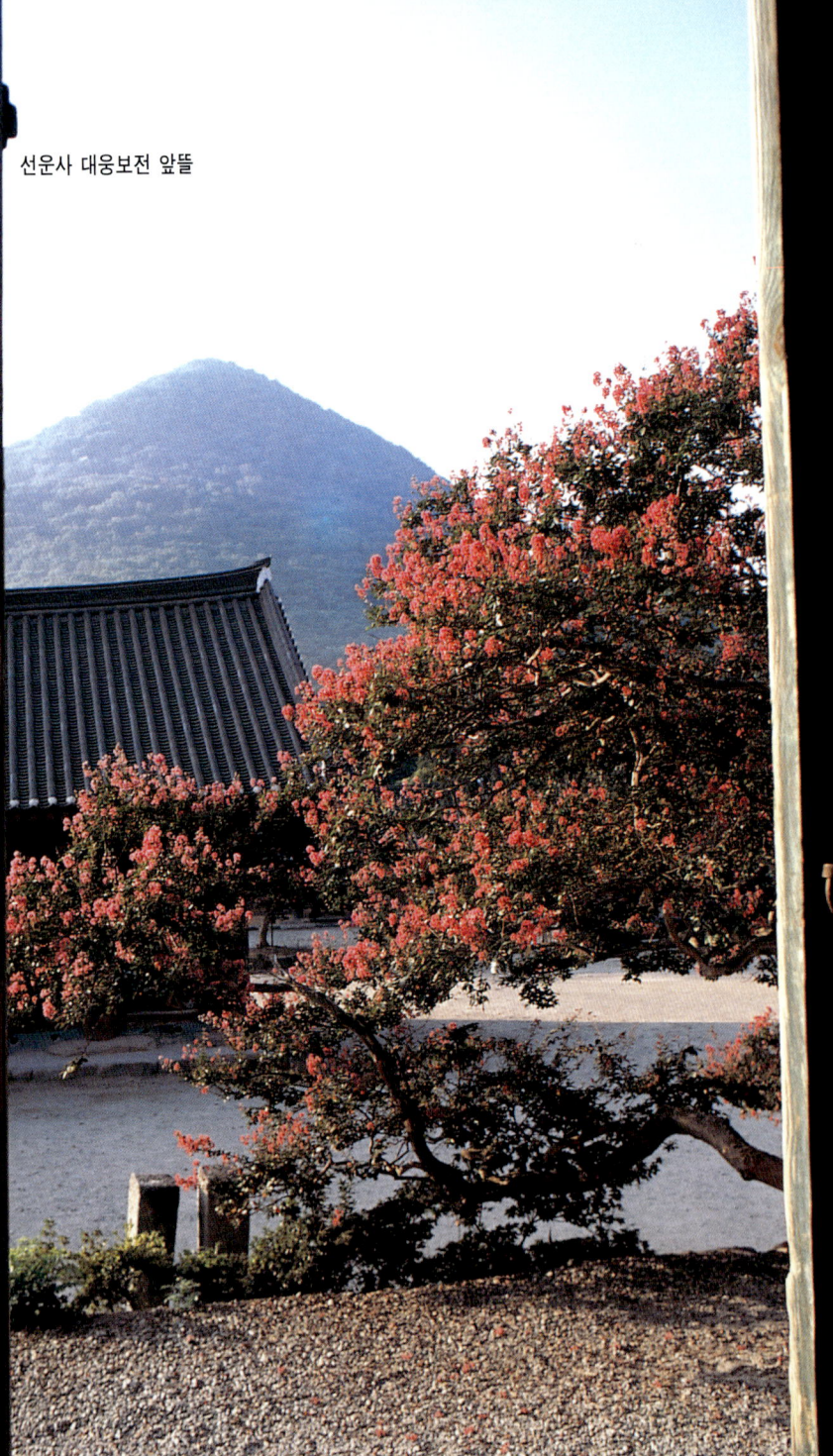

선운사 대웅보전 앞뜰

1910년(순종 4) - 이홍구(李洪九)가 기행가사 「선운사풍경가」(전298구) 지음.
1915년(대한 9) - 검단선사와 의운선사의 진영 조성.

1937년 대웅보전 해체 복원 공사

선운사에 관한 본격적인 기록은 대부분이 조선 중·후기에 집중되어 있다. 정유재란 때 불에 타고 다시 건립된 선운사 대웅보전은 헌종 5년 (1839) 때의 큰비로 2칸이 무너지자 이듬해에 다시 보수한 것이다. 때문에 현존 대웅보전의 역사는 매우 짧다고 할 수 있다. 이 건물은 1937년 다시 해체 복원되어 오늘에 이르고 있다.

지장성지로서의 선운사

1962년 선운사는 대한불교조계종의 제24교구본사로 승격되면서 김제 금산사와 더불어 전라북도의 대표적인 사찰로 자리매김하게 된다. 그 이후 40여 년 동안 선운사에서는 오래된 당우를 해체 이건하고 새로운 당우를 건립하는 등 불사에 전념해 왔다.

특히 도솔암은 경남 남해 용문암과 철원 심원사와 더불어 전국 3대 지장성지(地藏聖地)로 이름이 높다. 선운사와 함께 지어진 것으로 알려지는 참당암은 현재 참당선원으로 바뀌어 많은 수좌들이 정진하고 있다. 그외 산내에는 동운암(東雲庵)과 식상암(石床庵)이 자리하고 있다. 대웅보전 해체 복원 이후의 선운사 연보는 다음과 같다.

1937년(임정 19) - 대웅보전 해체 복원.
1957년(한국 10) - 도솔암 대웅전 건립.
1962년(한국 15) - 대한불교조계종 제24교구본사 승격.
1965년(한국 18) - 팔상전 중수.
1970년(한국 23) - 남곡(南谷)이 천왕문 건립.

1973년(한국 26) — 재곤(在坤)이 만세루 옆 영산전 앞에 있던 향운전을 현 위치로 이건. 동상실(靜窩, 左)과 능인전(右) 건립.

1974년(한국 27) — 원조(元祚)가 일주문 건립.

1978년(한국 31) — 지성(智性泰虛)이 능인전 자리에 종무소 건립. 태풍으로 부서진 2층 장륙전을 단층 영산전으로 개축. 각 당우의 중수 및 보수.

1990년(한국 43) — 재곤이 영산전 옆 대웅보전 사이에 있던 관음전을 현 위치로 이건.

1995년(한국 48) — 혜산(慧山)이 참당암에 선운사 유일의 선원인 참당선원을 개설.

1998년(한국 51) — 혜산이 성보박물관과 퇴설당(堆雪堂) 건립. 선다원(禪茶院) 주인의 시주를 받아 선다원 건립.

1999년(한국 52) — 법현(法賢)이 식당과 수련원 건립.

1999년(한국 52) — 법현이 『선운사지』(성보문화연구원) 간행중.

현재 선운사는 사격을 드높이는 불사에 전념하고 있다. 원로 스님들이 주석할 퇴설당이 완공 단계에 들어서 있고 일반인들을 수용할 수 있는 수련원이 건립되고 있다. 또 성보박물관이 완공되어 유물들이 전시되고 있다. 이처럼 선운사는 이제 새로운 시대를 맞이하고 있다. 수선과 강학의 도량인 선운사와 지장 기도 도량으로 이름이 드높은 도솔암을 중심으로 교구본사로서의 사격과 위상을 세우고 있다. 조선 후기 및 근현대에 도솔산이 한국선의 종장(宗匠)과 대강백들을 배출했던 것처럼 인재 불사에 매진하는 교구본사 선운사를 기대해도 좋을 것 같다.

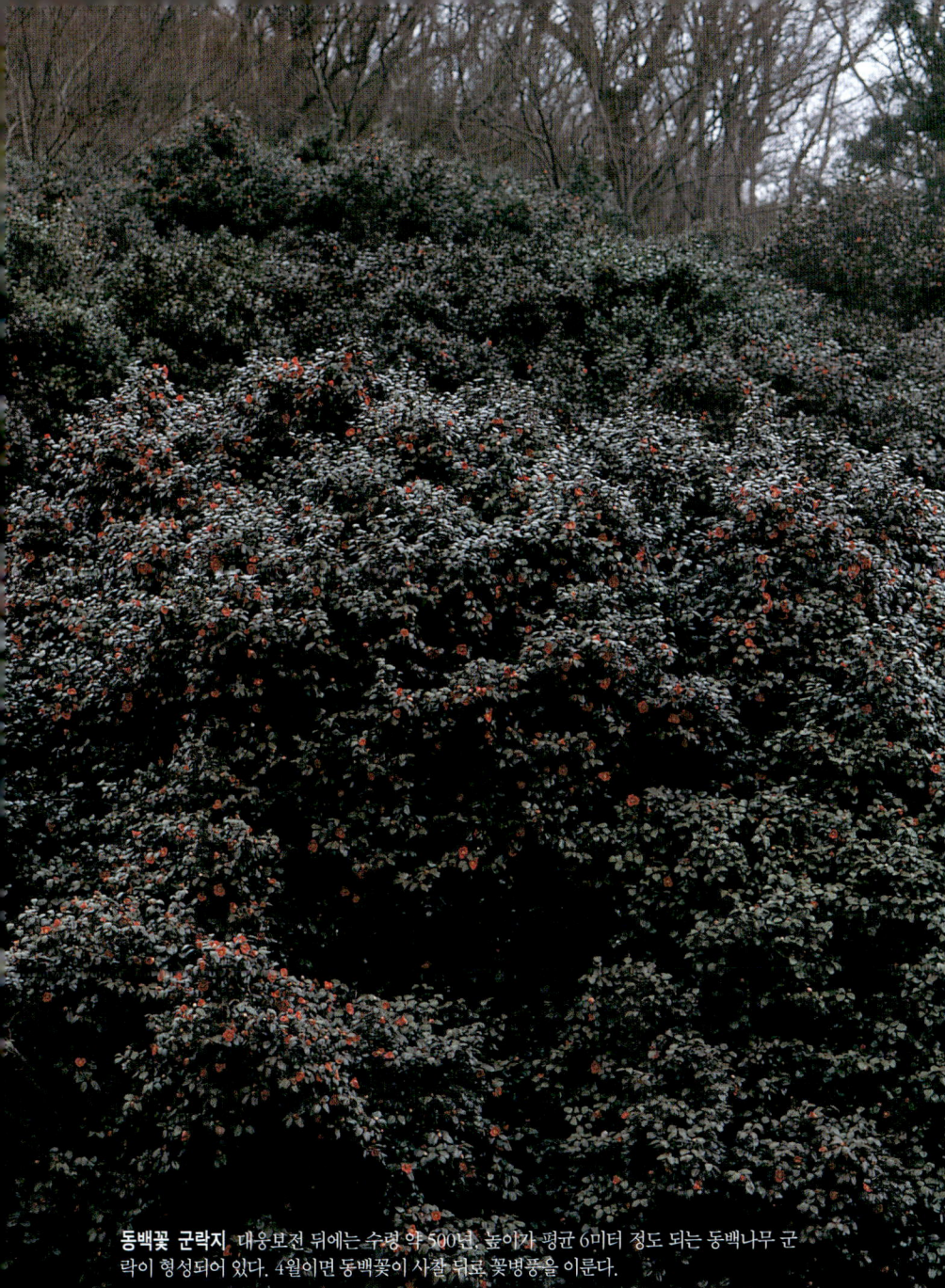

동백꽃 군락지 대웅보전 뒤에는 수령 약 500년, 높이가 평균 6미터 정도 되는 동백나무 군락이 형성되어 있다. 4월이면 동백꽃이 사찰 뒤로 꽃병풍을 이룬다.

선운사에 닿은 인연

백제와 통일신라 및 고려와 조선 초·중기를 거쳐 선운사는 많은 인물을 배출하였다. 그 중에서도 선운사 하면 떠오르는 인물은 단연 조선 후기의 백파 긍선과 환응 탄영 및 근현대의 영호당 정호와 시인 미당 서정주 등을 꼽을 수 있다.

백파 긍선

백파 긍선(白坡亘璇, 1767~1852년)은 영조 43년 전북 고창에서 태어났다. 12세에 고창 선운사 시헌(詩憲)을 은사, 연곡(蓮谷)을 계사로 득도했다. 정조 14년(1790) 방장산의 영원암(靈源庵)으로 가서 당시 화엄의 대가였던 설파 상언(雪坡尙彦)에게 서래종지(西來宗旨)를 배우고, 상언이 입적하기 전해에 구족계를 받았다. 26세에 장성 백양산 운문암(雲門庵)에서 설법하였는데 학인들이 항상 100여 명에 이르렀다. 영구산(靈龜山) 구암사(龜岩寺)에서 설봉(雪峰)의 법을 이어받고 백파당이라는 당호도 받았다.

순조 12년(1812) 45세에 문자를 중심으로 강의해 온 자신을 반성하고 용문암으로 들어가 5년간 선을 닦았고 정혜결사(淨慧結社) 운동을 벌여 조사선(祖師禪)의 새 기풍을 진작시켰다. 그 뒤 운문암으로 돌아와 그의 선사상을 정리해 『선문수경(禪門手鏡)』에서 임제의 3구를 내용에 따라 조사선을 제1구 인공인(印空印) 삼요(三要)에, 여래선(如來禪)을 제2구 인수인(印水印) 삼현(三玄)에, 의리선(義理禪)을 제3구 인니인(印泥印)으로 정리하였다. 이것은 임제의 선사상을 마음의 청정함〔佛〕을 대기(大機), 마음의 광명〔法〕을 대용(大用), 청정과 광명이 함께 베풀어짐〔道〕을 도용제시(道用齊施)로 재천명한 것이었다. 백파는 임제선의 대기대용을 통해 실상과 허상, 드러남과 감추어짐이 서로 함께 작용하는 살활자재(殺活自在)의 경계에 이를 수 있다고 풀이했다.

이에 대해 대흥사 일지암의 초의 의순(草衣義恂, 1786~1866년)은 『선문사변만어(禪門四辨漫語)』를 지어 선론을 조사선과 여래선, 격외선과 의리선의 4선으로, 살인검과 활인검, 진공과 묘유의 4변으로 구분하였다. 그는 특히 선과 교가 다른 것이 아니며, 조사선이 여래선보다 우위에 있는 것이 아니라 하였다. 초의는 입각처가 선이면 조사선이고 교이면 여래선이 된다고 하면서 '깨달으면 교가 선이 되고, 미혹하면 선이 교가 된다' 고 주장했다.

백파와 초의의 논쟁은 다시 추사(秋史) 김정희(金正喜)에게 이어진다. 추사는 백파의 오류를 편지로 적어서 보냈으며, 이에 대해 백파는 13가지로 논증한 답신을 보냈다. 이에 추사는 다시 '백파망증(白坡妄證) 15' 로 적어 편지를 보냈다. 이러한 왕복 서한을 통한 논쟁은 조선 후기 불교사상계의 활발한 기폭제가 되었다.

백파와 초의의 논쟁은 다시 백파의 문하이자 법손인 설두 유형(雪竇有炯, 1824~1889년)에게로 이어졌다. 그는 『선원소류(禪源溯流)』를 지어 초의의 『선문사변만어』와 우담 홍기(優曇洪基, 1822~1881년)의

『선문증정록(禪門證正錄)』을 반박하였다. 그 뒤 축원 진하(竺願震河, 1861~1926년)는 『선문재정록(禪門再正錄)』을 지어 백파의 『선문수경』 및 초의와 우담과 설두의 여러 선론에 대해 논증하였다.

　백파는 순조 30년(1830) 구암사로 옮겨서 절을 중건하고 선강(禪講) 법회를 크게 열자 팔도의 운수납자들이 모여들어서 선문 중흥의 종조

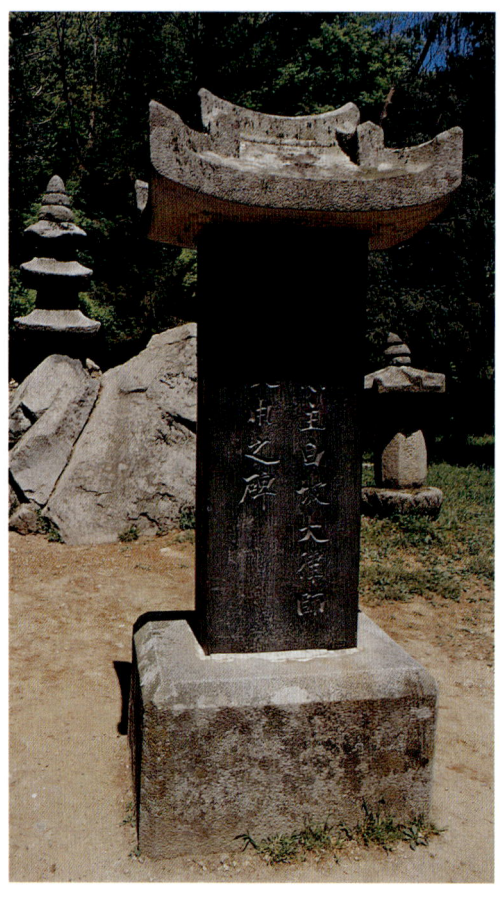

백파긍선사적비　선운사 입구 부도밭에 세워져 있다. 긍선이 입적한 지 6년 뒤에 문도들은 김정희가 비문을 쓴 이 사적비를 세웠다.

로 추앙받았다. 백파는 화엄(華嚴)과 율(律)에도 조예가 깊었으며, 추사 김정희와 문답을 나눈 것도 이때의 일이다. 철종 3년(1852) 구례 화엄사에서 입적했다. 그가 입적한 지 6년 뒤에 문도들은 김정희가 비문을 지은 비석을 선운사 부도밭에 세웠다.

환응 탄영

환응 탄영(幻應坦泳, 1847~1929년)은 헌종 13년 전북 고창에서 태어났다. 14세에 선운사 성일(性鎰)에게서 출가하고 고종 2년(1865) 경담 서관(鏡潭瑞寬)에게서 구족계를 받았다. 8년 동안 전국 각지를 유력하면서 선과 교를 탐구한 뒤 서관의 법을 이었다. 그 뒤 10여 년 동안 경을 강의했으며 특히 율행이 청정했다. 1912년에는 장성 백암산 백양사의 주지가 되어 승풍을 바로잡았다. 1928년에는 조선불교중앙종회에서 교정(敎正)으로 추대되었다. 만년에는 운문암 곁에 지은 우은난야(愚隱蘭若)에서 좌선하다가 1929년 세수 83세, 법랍 69년으로 입적했다. 문하에 영호당 정호 등이 있다.

영호당 정호

영호당 정호(暎湖堂鼎鎬, 1870?~1948년)는 고종 7년 전북 완주에서 태어났다. 어려서 유학을 공부하다가 17세에 어머니에게서 전주 위봉사(威鳳寺)의 금산(錦山)이 설한 생사(生死)에 관한 법문을 전해 듣고 출가의 뜻을 품었다. 19세에 전주 태조암(太祖庵) 금산의 문하에서 득도했다.

고종 27년(1890) 환응 탄영에게서 사교(四敎)를 배웠으며, 2년 뒤에 순천 선암사의 경운(擎雲)에게서 대교(大敎, 화엄경)를 수학했다. 이후 순창 구암사에서 설유 처명(雪乳處明)에게서 법을 전해 받았다.

　　이때 법호를 영호(映湖), 석전(石顚)이라 했다. 석전이라고 한 것은 추사 김정희가 백파 긍선에게 석전(石顚) 만암(曼庵)이라는 글을 써 주면서 뒷날 법손(法孫) 가운데에서 도리를 아는 자가 있게 되거든 이 호를 품수(品數)하는 것이 좋을 것이라고 부탁한 것에서 연유한 것인데 그것이 처명에게 전해져서 그에게 전수된 것이다.

　　39세에 불교 유신의 뜻을 품고 서울에 올라와 만해 용운(萬海龍雲, 奉玩), 금파(琴巴) 등과 유신운동을 폈다. 한일합방이 되던 1910년 해인사 주지 회광(晦光) 등이 연합동맹 7조약을 체결하여 조선불교를 일본불교에 예속시키려 할 때 만해, 성월(性月), 진응(震應), 혜찬(慧燦), 종래(鍾來) 등과 함께 한국불교의 전통은 임제종임을 밝히고 이를 저지했다. 그리고 임제종의 독자성을 지키려고 심혈을 기울였다.

　　1913년에 잡지 『해동불교』를 창간하여 불교 유신을 제창하고 불교인의 자각을 촉구했다. 1914년 고등불교 강숙이 설립되자 여기에 참석하여 교육 사업을 시작한 뒤 중앙학림, 서울 개운사 대원암(大圓庵)의 불교 강원 등에서 후학 양성에 힘썼다. 그 뒤 조선불교월보사 사장, 중앙불교전문학교(현 동국대학교) 교장 등을 역임했다. 1929년부터 1946년까지 조선불교 교정(敎正)을 지내며 우리나라 불교 근대화에 힘쓰다가 1948년 정읍 내장사에서 입적했다.

　　영호는 당대의 화엄 종주(宗主)라 일컬어졌으며, 시문에도 능해 400여 수의 시를 수록한 『석전시초(石顚詩抄)』 등을 남겼다. 문하에는 청담 순호(靑潭淳浩), 운허 용하(耘虛龍夏), 미당 서정주 등의 제자가 있다.

미당 서정주

살아생전에 미당(未堂) 서정주(徐廷柱, 1915~2000년)는 한국 최고의
시인이었다. 선운사 아랫마을인 질마재에서 태어나 영호당 박한영을
만나 중앙불교전문학교에 입학하였다.

1936년 『동아일보』 신춘문예에 시 「벽」이 당선되어 시단에 등단한
뒤 조선대학교와 동국대학교에 재직하였다. 시집으로는 『화사집』, 『귀
촉도』, 『국화 옆에서』, 『서정주시선』, 『신라초』, 『동천』, 『질마재 신화』,
『떠돌이의 노래』, 『산시』 등이 있다. 선운사 입구에는 그가 지은 시 「선

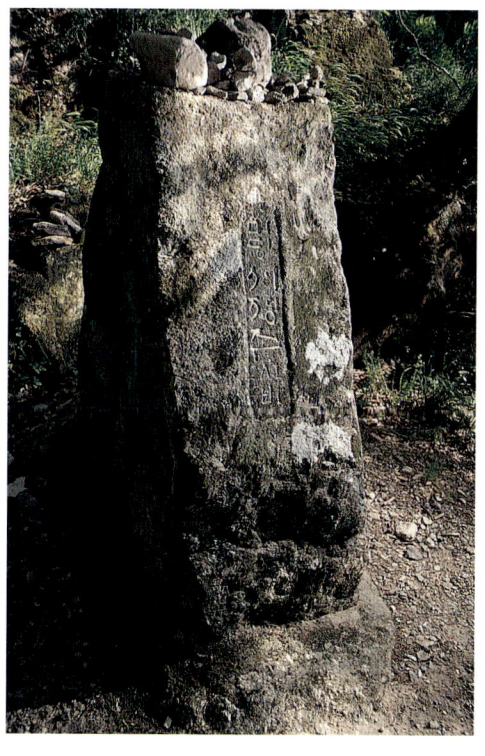

미당시비 미당 서정주는 선운
사 아랫마을인 질마재에서 태
어나 이곳에서 자랐으며, 영
호당 박한영을 만나 불교와
인연을 맺었다. 선운사 입구
에는 그가 지은 시 「선운사 동
구」를 육필로 새긴 이 시비가
세워져 있다.

운사 동구(禪雲寺洞口)」를 육필로 새긴 '미당시비'가 세워져 있다.

　　선운사 골짜기로
　　선운사 동백꽃을
　　보러 갔더니
　　동백꽃은 아직 일러 피지 안했고
　　막걸릿집 여자의 육자배기 가락에
　　작년 것만 상기도 남았습니다.
　　그것도 목이 쉬어 남았습니다.

　미당이 죽은 뒤 그의 문학적 성취를 기리기 위해 최근에 '미당시문학
관'이 세워졌다. 절 입구에 선 '미당시비'를 지나 일주문에 이르는 언
저리에는 '선운산가비(禪雲山歌碑)'가 세워져 있다.

선운사 가람

가람의 입지

사찰은 전통적으로 산 좋고 물 좋은 곳에 자리한다. 이렇게 좋은 입지에서 불심을 닦고 수도를 하면서 자연과 함께 호흡하고 삼라만상의 이치를 몸으로 체득하게 됨으로써 성불의 경지에 자연스럽게 나아갈 수있기 때문이다. 또한 그러한 이유 때문에 전통적인 사찰의 입지를 가만히 들여다보면 땅의 이치를 조심스럽게 살펴 그 안에 건축물을 조화롭게 융화시키는 방법에 대한 많은 성찰을 담고 있음을 발견하게 된다.

선운사의 입지를 살펴보려면 선운사 주변의 산세가 어떻게 해서 형성된 것인가를 알아야 한다. 우선 산줄기는 무등산(無等山)에서부터 시작되는데, 무등산에서 연결되는 산줄기가 동쪽으로 휘돌아 담양을 둘러싼 후 추월산(秋月山)에 이르고 다시 북동쪽으로 뻗어 나가다가 두 줄기로 갈라진다. 여기서 한 줄기는 운가산(雲佳山), 운암산(雲岩山)을 거쳐 만마관(万馬關)에 이르고 더 북쪽으로 뻗어 올라가 계룡산(鷄龍山)에 이른다. 그리고 다른 한 줄기는 서쪽으로 뻗어 나가다가 한 줄기가 갈라져 내소사(來蘇寺)가 있는 변산반도 쪽으로 뻗어 올라가고 다시 남

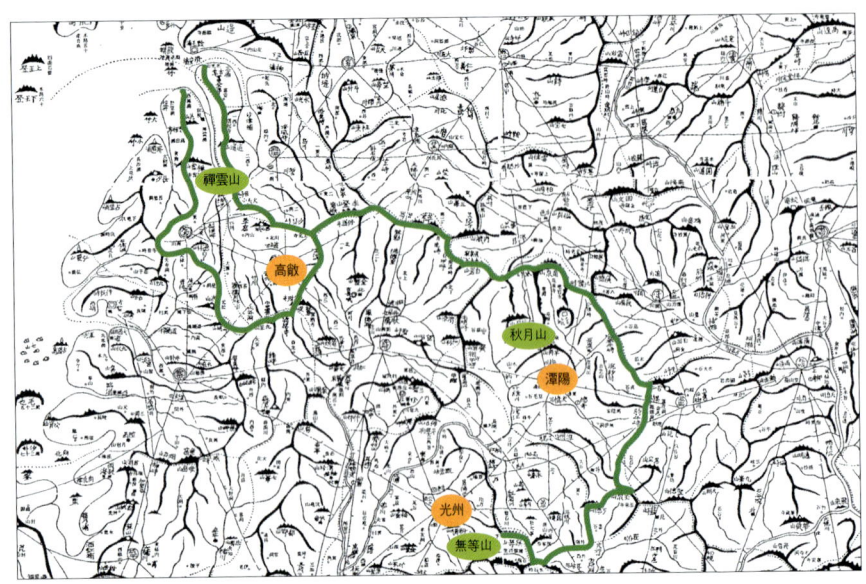

대동여지도에 나타난 선운사 주변

서쪽으로 조금 내려와 영취산을 중심으로 양쪽으로 갈라져 고창을 휘
돌아 감싸는 산줄기 중 서해안 쪽의 산줄기를 따라 북쪽으로 나아가면
서 옛 무장 고을을 한바퀴 돈 후 곰소만 쪽으로 뻗은 산줄기가 있는데
그 곳에 바로 선운산이 위치하고 있다.

 선운사가 자리하고 있는 곳의 지형적 특성은 다른 사찰에 비해 조금
특이한 편인데, 이는 선운사가 서해안의 복잡한 해안선에 의해 형성된
지형의 하나인 곰소만의 남쪽에 위치하고 있기 때문이다. 이러한 입지
때문에 선운사의 앞쪽을 흐르는 계류는 북동쪽으로 흘러 인천강에 합
류된 후 북쪽의 곰소만으로 흘러 들어가며, 그에 따라 사찰을 둘러싸고
있는 산도 북쪽을 향해 열려 있다. 이런 지형적 특색은 보기 힘든 입지
조건 중 하나이다. 일반적으로 건물이 자리를 잡을 때 남쪽으로의 좌향
(坐向)을 선호하기 때문에, 이런 지형에서는 건물을 앉히기가 어렵다.

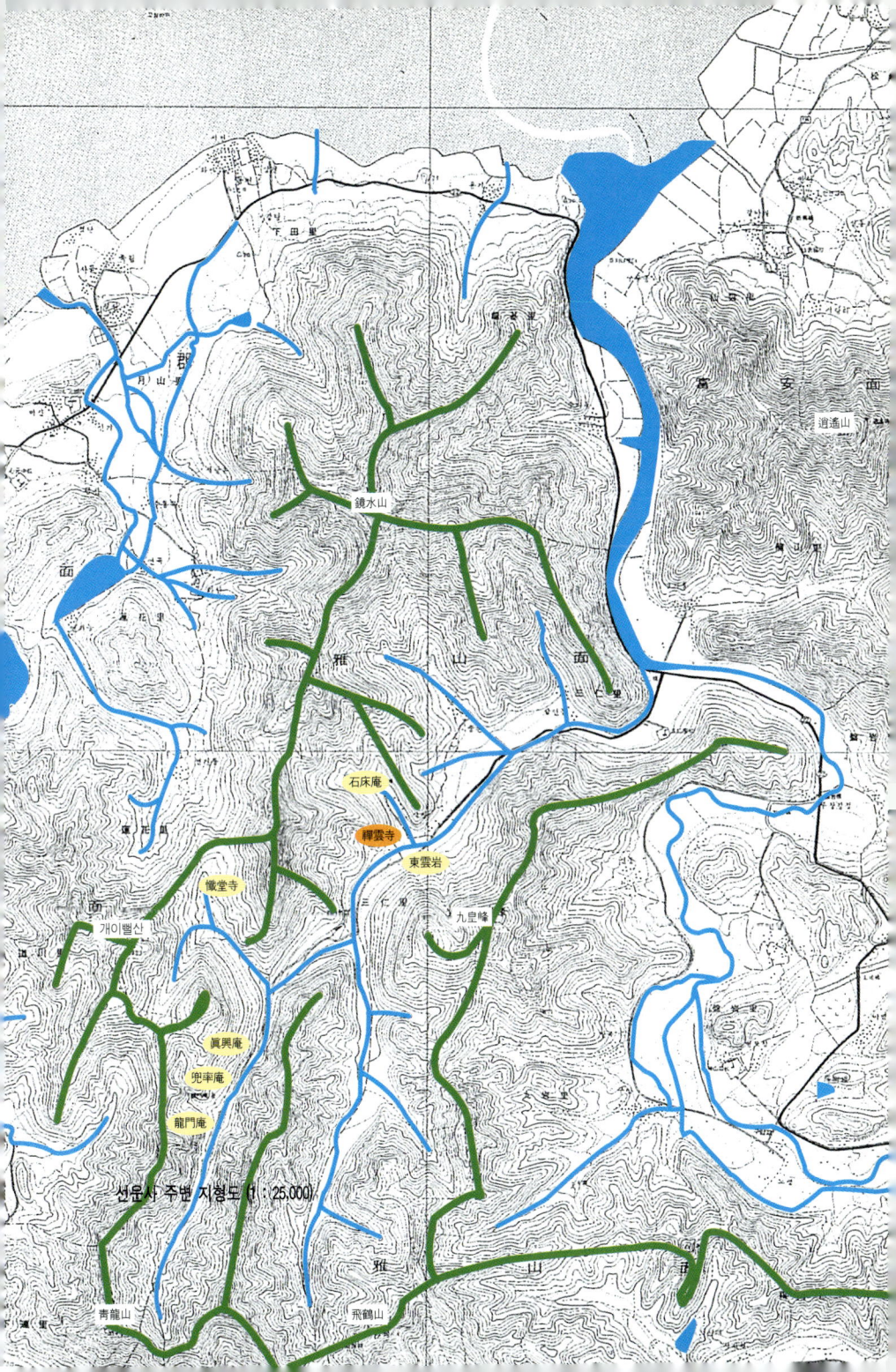

石床庵
禪雲寺
東雲岩
懺堂寺
개이빨산
九昜峰
眞興庵
兜率庵
龍門庵
鏡水山
雅山面
青龍山
飛鶴山

선운사 주변 지형도 (1:25,000)

그럼에도 불구하고 선운사는 이렇게 북쪽으로 열려 있는 계곡 지형의 주요한 목 부분에 자리잡고 있어 특이하다.

한편 국지적인 관점에서 선운사를 살펴보면 경수산(鏡水山), 청룡산(靑龍山), 비학산(飛鶴山), 구황봉(九皇峰)이 둘러싸고 있는 북동쪽으로 열린 계곡에서 2개의 계류가 만나는 지점에 위치하고 있는데, 이러한 입지적 특성에 대해 1794년 임우상(林雨相)이 기술한 「도솔산대참사고사(兜率山大懺寺故事)」에서는 다음과 같이 기록하고 있다.

이 절은 앞에 수려한 일곱 봉우리가 둘러 있고 동쪽 백치(白峙)로부터 맥이 갈려 북으로 10리를 뻗어 그 속에 아홉 굽이 맑은 물〔九曲淸川〕이 절 앞을 비껴 내려 동으로 이 절 입구인 장연(長淵)으로 들어가서 서쪽 바다로 흘러 들어가는 아름다운 산수와 넓고 깊은 골짜기가 그야말로 구름 속에 참선하는 선운도량을 이루었다.

이러한 자연적 아름다움 때문에 비록 북쪽으로 열려 있는 특이한 형태의 지형적 특성을 지녔음에도 불구하고 많은 사찰과 암자들이 이곳에 자리잡게 된 것으로 추정된다.

그러면 이러한 지형적 특성 속에 선운사는 어떠한 방법으로 자리하고 있는 것일까? 여기서 한국의 전통건축에서 입지를 이야기할 때 중요하게 언급되는 것 중 하나인 좌향을 살펴볼 필요가 있다. 여기서 '좌(坐)'는 어떠한 것을 등지고 앉는 것을 의미하며 '향(向)'은 그러한 상태에서 어떠한 것을 바라보느냐 하는 것이다. 대체적으로 좌와 향이 일치하는 경우가 많으나 그렇지 않은 경우도 종종 볼 수 있다. 선운사는 경수산에서 흘러내린 맥이 사찰 뒤편에서 해발 300미터 정도의 작은 산을 형성하고 그곳에서 내려오는 한 맥을 등에 지고〔坐〕 남동쪽을 향하여 자리하는〔向〕 형세를 취하고 있다. 이러한 입지는 북쪽으로 열

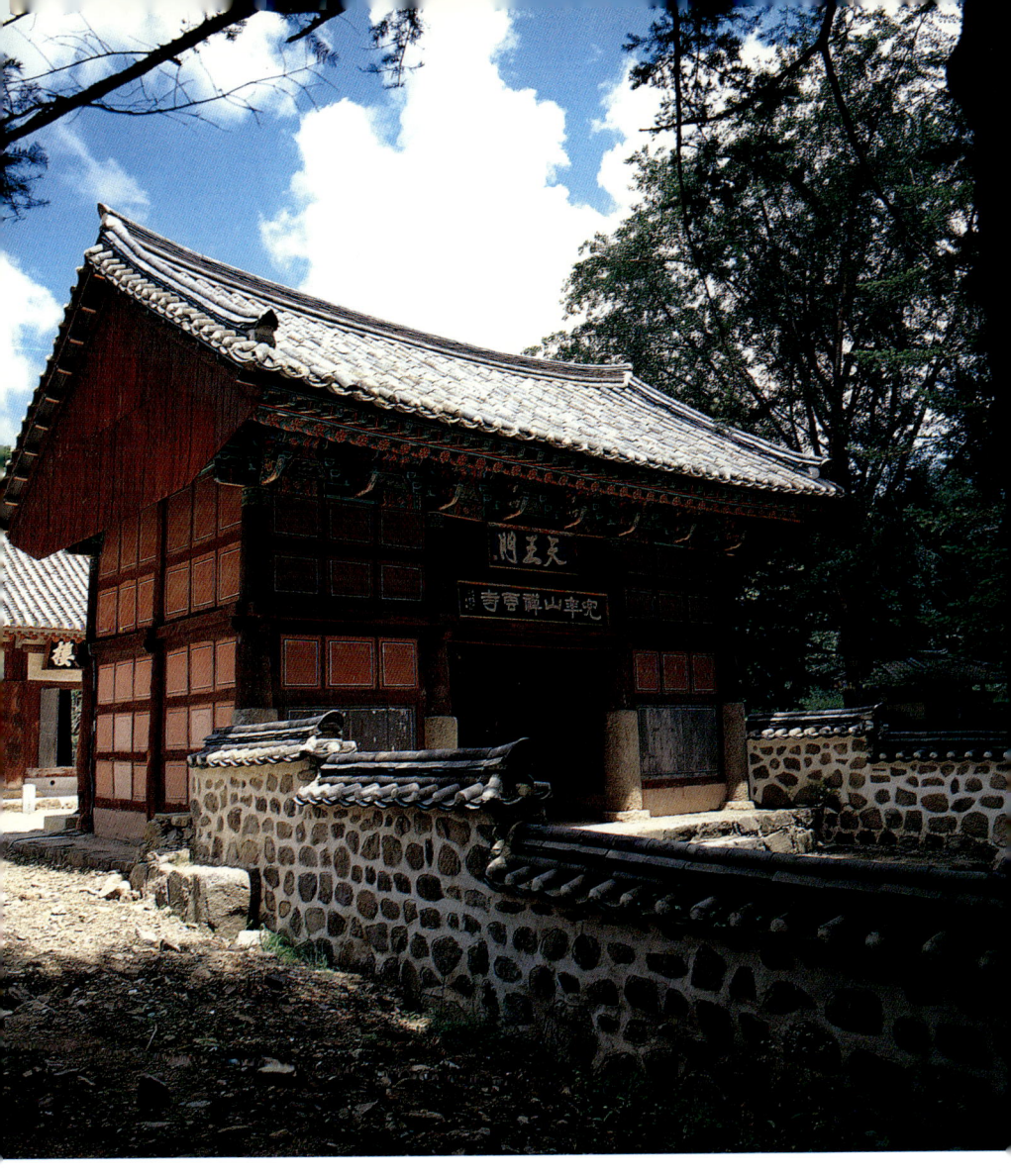

선운사 입구 매표소가 있는 일주문을 통과한 후 계류의 옆길을 따라 오르다 보면 오른쪽으로 천왕문이 나타나고 그에 따라 사찰 경내는 오른쪽 방향으로 직각으로 꺾어서 진입하게 되어 있다. 최근 사역을 넓히면서 천왕문은 사진의 위치보다 좀더 앞쪽으로 이건되었다.

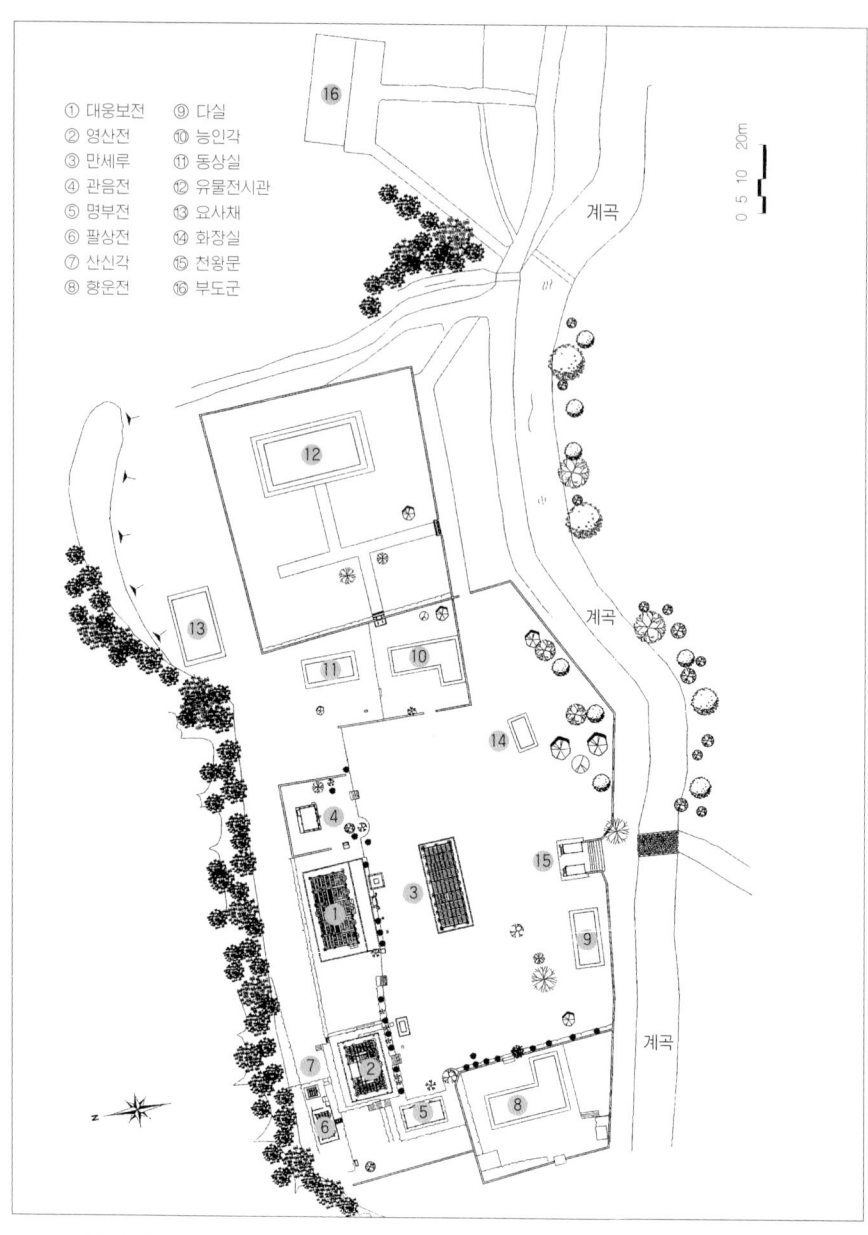

① 대웅보전 ⑨ 다실
② 영산전   ⑩ 능인각
③ 만세루   ⑪ 동상실
④ 관음전   ⑫ 유물전시관
⑤ 명부전   ⑬ 요사채
⑥ 팔상전   ⑭ 화장실
⑦ 산신각   ⑮ 천왕문
⑧ 향운전   ⑯ 부도군

계곡

0 5 10 20m

선운사 가람 배치도

려 있는 계곡이라는 매우 특이한 지형적 조건 하에서 산의 맥을 등에 지고 타고 앉으면서 또한 대체적으로 남쪽의 향을 취할 수 있는 절묘한 입지 지점을 선택하였음을 알 수 있다. 더욱이 2개의 계류가 만나는 합류점이라는 점도 절의 입지로서 최상이라 할 수 있다.

한편 참당암과 도솔암 등은 계곡의 더 깊숙한 안쪽 자락에 자리하고 있는데, 이를 현재 선운사의 위치와 비교해 보면 왜 조선 전기 이후 참당사에서 선운사로 사찰의 중심이 이동되어 사세의 역전이 일어났는가를 확연히 알 수 있다. 이는 결국 현재의 선운사 위치가 참당암보다 국(局)이 넓고 입지가 좋은 곳이기 때문이다.

가람의 배치

한국의 전통건축에서 배치를 이해하는 것은 매우 중요하다. 건축은 단일 건물뿐만 아니라 단일 건물과 단일 건물 간의 구성 관계를 포괄하며, 특히 동양의 전통적인 목조건축에서는 이러한 건물 간의 구성 관계가 건축 행위로서 매우 중요하게 여겨져 왔기 때문이다. 이러한 특성 때문에 전통건축을 건물 하나의 단위로만 파악하다 보면 건물 하나의 단위가 지니고 있는 개별적인 특성이 서양의 건물에 비해 미약하여 서양의 건축물이 눈에 익은 사람은 동양의 건물들이 변화가 별로 없는 무미건조하고 재미없는 건축으로 오인하게 하는 요인이 되고 있다.

현재 선운사의 가람 배치도 이러한 건물들의 상호 관계라는 관점에서 살펴보는 것이 필요하며, 전체로서의 건물군에 관심을 가짐으로써 한국 건축을 음미하는 새로운 시각을 키울 수 있을 것이다.

그럼 먼저 진입부부터 살펴보기로 하자. 매표소가 있는 일주문을 통과한 후 계류의 옆길을 따라 오르다 보면 오른쪽으로 천왕문이 나타나고 그에 따라 사찰 경내는 오른쪽 방향으로 직각으로 꺾어서 진입하게 되어 있다. 이러한 진입 방식은 사찰에서 일반적으로 사용되는 방식과는 조금 다른 것이다. 현재 천왕문 전면으로 작은 계류가 흐르고 있고 1977년 준공한 극락교(極樂橋)가 놓여 있는데, 오히려 계류의 건너편에서 극락교와 같은 다리를 건너 진입하는 방식이 보다 자연스러운 사찰 진입 방식으로 추정된다.

누문(樓門) 형식으로 처리된 천왕문을 통과하면 그 뒤로 만세루가 놓여 있고 다시 그 뒤편으로 기단을 조성하여 한 단 높은 자리에 대웅보전이 자리하고 있다. 현재 천왕문, 만세루, 대웅보전은 전형적인 주축선형 배치를 보이고 있으나 실제로는 만세루가 이름만 누각인 단층 건물이어서 대웅보전으로 접근하려면 건물을 돌아 들어가야 하므로 진입부에서는 주축선이 확연히 느껴지지 않는다.

만세루 뒤편에 위치하고 있는 대웅보전의 좌우로는 영산전과 관음전을 평행하게 배치하였다. 다시 영산전 왼쪽으로는 'ㄱ'자 형태로 남쪽으로 꺾인 기단을 조성하고 지장전(명부전)을 두었다. 그 두 건물의 사이인 영산전 왼쪽에 조성한 계단을 오르면 다시 팔상전과 산신각이 평행한 기단 위에 나란히 조성되어 있다. 대웅보전과 팔상전, 산신각 등의 건물 뒤쪽으로는 경사진 대지에 울창한 동백숲이 자리하고 있다.

현재 선운사의 건물 배치가 주는 느낌은 매우 평활하다. 이것은 신라계 사찰과 대비되는 백제계 사찰의 전형적인 특징으로 계곡에 자리하고 있으면서도 평지사찰과 같이 넓은 터를 선정하여 자리하는 것, 그리고 건물의 입면 비례가 수직적인 것에 비해 수평적인 성격이 강하다는 것 등이 이러한 성격을 보여 준다. 선운사는 대지의 형상이 매우 평활하면서 장방형으로 길어 이러한 대지에 맞추어 좌우로 건물들을 배치하고 있으며, 그에 따라 주불전인 대웅보전과 평행하게 주요 전각들을 배치하는 형태를 취하고 있는데 특히 대웅보전을 중심으로 대칭되는 공간 구성이 아니라 영산전 쪽인 왼쪽으로 계속 전개되어 결국 맨 마지막에는 산신각에 이르게 되는 편심형의 공간 구성 형태를 보여 준다.

한편 건물들은 모두 그 의장적 측면에서 강한 통일성을 갖고 있는데 그것은 입면의 칸살 구성의 반복, 지붕의 지배적인 형태 등에서 획득된다. 즉 횡으로 긴 느낌을 주는 입면 비례에 어칸(御間, 전면 중앙칸)을 강조하는 칸살 구성과 전체 건물의 지배적인 느낌을 좌우하는 지붕의 형태를 맞배지붕으로 통일함에 따라 전반적으로 매우 강한 통일감과 안정된 느낌을 주고 있다.

가람 배치의 역사

사찰 건축의 배치를 이해하는 데 또 하나 중요한 점은 우리가 현재 바라보고 있는 사찰의 건축물들이 오랜 시간의 층을 거쳐 오늘에 이른 것들이라는 점이다. 전통건축에서 창건될 당시 종합 계획에 의해 전체 건물이 한 시기에 조성된 예가 없는 것은 아니지만 현재 남아 있는 일반적인 사찰의 건축물들은 대부분 법당을 중심으로 창건한 이후 중창, 중건 등의 불사를 통해 오랜 시간에 걸쳐 전체 건물군을 형성하게 된 경우가 더욱 많기 때문이다. 그것은 예불이나 주요한 종교 행사를 수용하기 위한 건축물들이 필요에 따라 조성되면서 현재의 모습에 이르게 되었으며, 또한 이것은 앞으로도 끊임없이 변해 갈 것이라는 점을 말해 준다. 이 점은 모든 것은 현재의 상태에 머물러 있는 것이 아니라 끊임없이 변화하는 것이라는 불교적 세계관과 일맥상통한다.

이렇게 사찰을 구성하는 여러 건물들이 한 시기에 세워지는 것이 아니라는 점은 한 사찰의 배치를 볼 때 역사적인 관점에서 바라보아야 함을 말해 주며 또한 한국의 사찰을 이해하는 데 매우 중요한 요소이다.

선운사의 경우 다른 사찰과 마찬가지로 조선시대 기록은 조금 남아 있으나 고려 이전의 기록이 부족하여 변화 과정을 면밀히 추적하기는 어렵다. 다만 있는 자료를 참고하여 그 나름대로 선운사의 배치를 역사적으로 몇 개의 단계를 두어 살펴보면 다음과 같다.

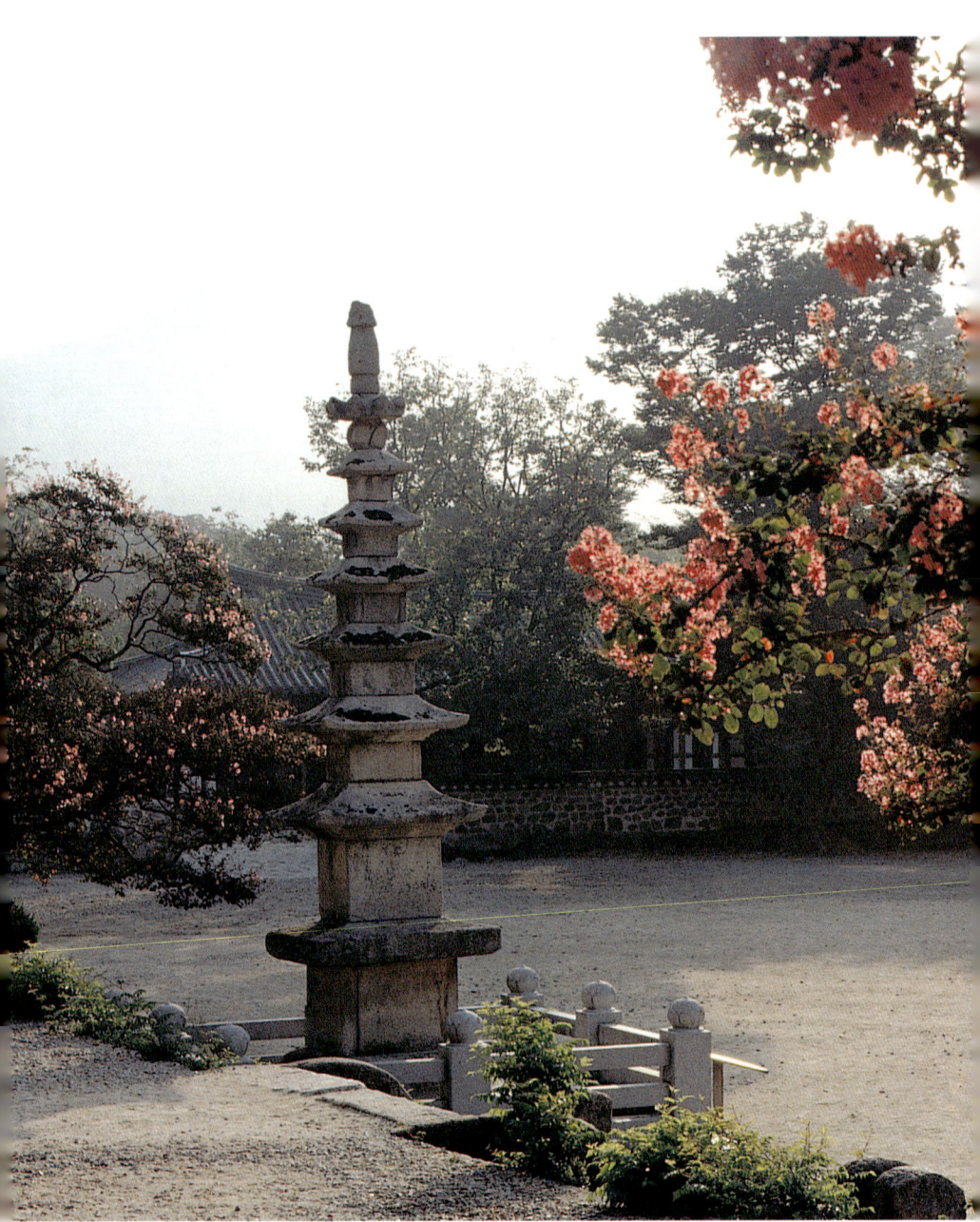

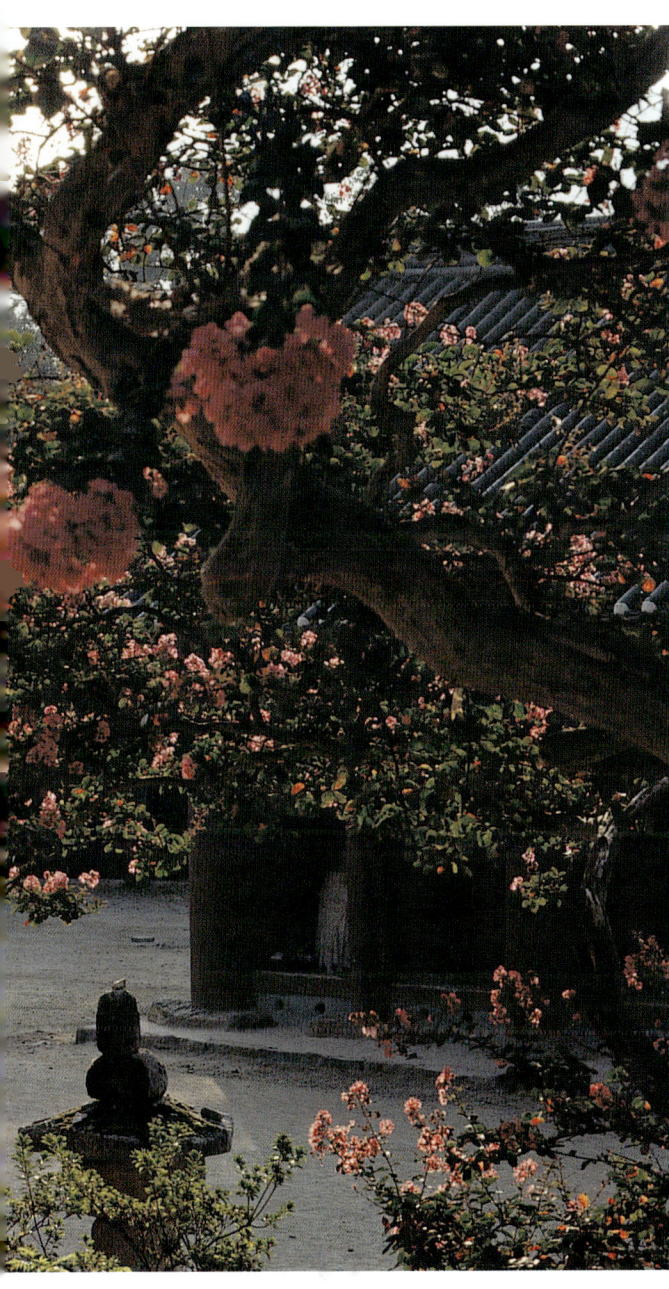

대웅보전 앞마당 조
선 전기 이후 참당사
(현재의 참당암)에서
선운사로 사찰의 중심
이 이동될 만큼 국(局)
이 넓고 입지가 좋다.

제1기는 창건기로 창건 설화에 대해서는 이설(異說)이 있기는 하나 백제 말 6세기 후반 또는 7세기 초반에 참당사, 중애사 등과 함께 창건된 것으로 추정된다. 「대참사사적기(大懺寺事蹟記)」 등의 기록을 통해 볼 때 창건 당시에 선운산 내의 사찰 가운데 중추적인 위치를 차지하고 있던 것은 참당사였으며, 선운사는 간단한 법당을 중심으로 한 암자 정도의 규모로 사찰이 시작되었다가 점차 발전하였을 것으로 추정된다.

이후 고려 말까지 기록이 거의 남아 있지 않아 사찰의 변화과정을 상세히 살피는 데 어려움이 있으나 이규보의 『동국이상국집』 「남행일월기」의 기록으로 보아 고려 중후반까지는 고창의 대표적 사찰로 성장해 있었음을 알 수 있다.

조선시대 들어 폐사 지경에 이른 선운사에 대한 중창 기록이므로 13세기에서 15세기 사이 어느 때엔가 어떤 연유인지는 모르겠지만 절이 거의 피폐하게 되었던 것으로 추정된다.

제2기 중흥기는 성종 3년(1472) 행호 극유에 의해 이루어진 중창 불사로부터 비롯된다. 성종 5년(1474)에 2층 장륙전과 관음전을 완공하고, 다음해에 천불대광명전(千佛大光明殿)을 완공하였다. 그리고 이렇게 시작한 불사를 성종 14년(1483)까지 계속하여 14년에 걸친 대역사를 통해 백팔구료(百八九寮)의 제도를 갖추게 되었다고 하며, 이때 조성된 전각으로 지장전, 동상실, 금당, 능인전 등이 있다고 한다.

이러한 기록으로 미루어 보아 당시의 사찰은 2층의 장륙전, 천불대광명전 등의 주요한 불전들이 병립하고 관음전, 지장전과 같은 부불전들이 소규모 영역을 이루던 사찰이었을 것으로 추정된다. 이와 같이 경영되던 선운사는 선조 30년(1597) 정유재란으로 막대한 피해를 입어 전당(殿堂)과 방실(房室)이 모두 재로 변하여 오직 어실만이 남게 된다.

제3기는 정유재란 이후 거의 폐사에 이른 사찰의 재건 불사에 의한 것으로 현재 배치의 근간을 이룬다. 정유재란 이후 몇몇 승려가 간신히

3칸의 법당을 세우고 유지하던 중 광해군 5년(1613) 무장현감 송석조의 지원으로 3칸의 법당을 5칸의 대웅보전으로 고쳐 세우고 상하 누각과 동서 양실을 세우는 등의 공사가 진행되었다.

현재 사찰의 좌향은 동남향 방향을 취하고 있는데 이는 중창 불사를 발원하였던 무장현감 송석조가 당시 법당의 좌향이 임좌병향(壬坐丙向)으로 거의 남북측 선상으로 있던 것을 터의 형국으로 보아 건좌손향(乾坐巽向), 즉 동남향으로 건축을 해야 부처님을 모시기에 적당하다고 하였다는 기록이 남아 있다. 당시 대웅보전이 이러한 방향축으로 재건되면서 현재의 사찰 축선이 결정되었던 것으로 보인다.

이 당시 공사를 좀더 자세히 살펴보면 1614년에 법당 수축을 완료하고 1618년에 천불전, 지장전, 동상실 등을 완공하였으며, 1620년에는 향운각, 부도밭, 정문 등의 공사를 완료한 이후 천왕문에 대한 공사를 1624년 완공함으로써 사찰 일곽의 정비가 우선 일단락되어 주요한 틀을 완성한 것으로 추정된다. 한편 이 건축물들을 15세기에 건립된 전각들과 비교해 보면, 천불전, 지장전과 같이 거의 비슷한 전각들로 재건되고 있어 기존의 틀을 살펴 공사가 이루어졌음을 알 수 있으며 15세기의 사찰 구성과 많은 유사성이 있을 것으로 추정된다.

「도솔산선운사창수승적기」를 보면, 그 이후 17세기 후반에서 18세기 초에 이르는 동안에도 많은 수의 부불전과 요사채들이 계속 건립되어 매우 사세가 번창하게 되었음을 알 수 있다.

이후 조선시대 후기에는 이때 형성된 사세를 유지하는 정도였던 것으로 추정된다. 1821년 2층의 장류전을 단층의 영산전으로 개축하였으며, 1839년 폭풍우로 대웅보전의 오른쪽 2칸이 무너지자 1840년까지 보수를 하였다는 등 몇 건의 공사 관련 기록이 나오지만 17세기와 같이 집중적으로 불사가 이루어진 기록이 없는 것으로 보아 절 전체 배치의 큰 틀은 조선 후기에도 계속 유지하면서 부분적인 개중수만 있었던 것

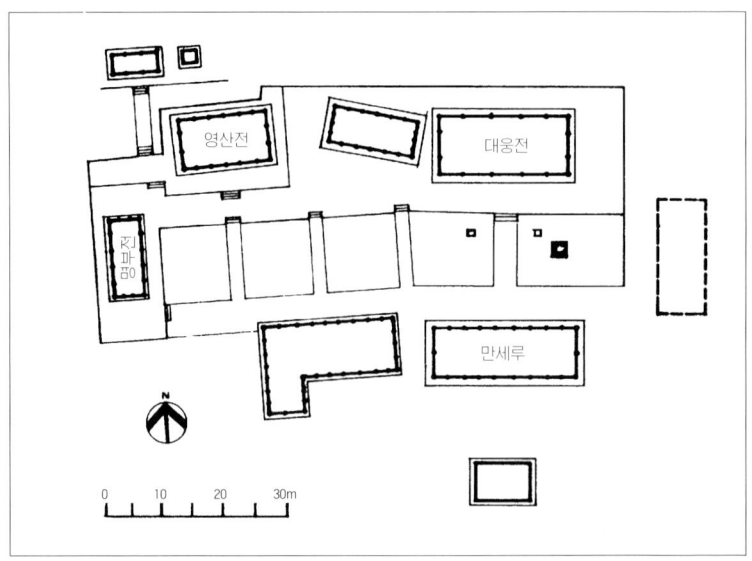

중창 이전 가람 배치도(김봉렬, 『한국의 건축』, 공간사, 1988, 133쪽 인용)

으로 판단된다.

1962년 조계종의 교구본사로 승격된 이후 현대에 들어 중창 불사를 하면서 사찰 배치에 미묘한 변화가 있게 된다. 중요한 것만 대략 살펴보면 1970년에 천왕문을 건립하였으며, 1973년에는 만세루 옆 영산전 앞에 있던 향운전을 현 위치로 이건하였고, 1990년에 영산전과 대웅보전 사이에 위치하고 있던 요사채 건물을 헐고 현 위치에 관음전 건물을 재건하였다.

요사채를 헐기 이전인 1990년 이전의 배치를 살펴보면, 아래 마당에서는 만세루와 그 옆의 요사채, 그리고 한 단 높은 곳에 주요한 두 개의 불전인 대웅보전과 영산전이 노전(爐殿)으로 연결되면서 지형에 부합하는 횡으로 긴 장방형의 공간을 형성하고 그 모서리인 영산전과 명부전 사이로 다시 팔상전과 산신각으로 진입하는 축선을 형성하여 여러 개의 주요 공간이 병렬하여 횡으로 연결된 배치 형태를 이루었음을 알 수 있다. 이는 앞에서 살펴본 주축선을 통해 대웅보전 영역으로 진입한 후 좌측으로 전개되는 형태가 지금은 이전된 2채의 건물에 의해 매우 강하게 강화되어 있었음을 알 수 있다.

그러나 2개의 주요한 공간을 연결시켜 주고 있던 2채의 건물이 철거 및 이건되면서, 현재는 이러한 건물 간의 연결이 약해져 탁 트인 듯한 느낌의 배치로 전환되었음을 알 수 있으며 그에 따라 전체적인 사찰의 공간 구성에 있어서 많은 변화가 생겼음을 알 수 있다. 그 결과 서로 긴밀하게 관계를 맺으며 건축군을 형성하던 배치에서 현재는 건물 간의 구성이 약해지고 탁 트인 듯한 배치로 전환됨으로써 평지사찰의 느낌이 매우 상화된 듯한 느낌을 받는다.

천왕문

절의 경내로 진입하는 입구에 해당하는 자리에 위치한 선문으로 이익공 형식의 맞배 2층집이다. 아래층에는 일중 김충현(金忠顯)이 1972년에 쓴 '도솔산선운사(兜率山禪雲寺)'라는 예서체 현판이 걸려 있고 위층에는 조선시대 명필로 이름을 날렸던 원교 이광사(李匡師)가 쓴 '천왕문'이라는 현판이 걸려 있다.

기록에 천왕문은 1624년에 창건된 것으로 전하지만 현재의 문은 1970년에 건립된 것이며, 최근 사역을 정비하면서 앞쪽으로 이건되었다. 아래층에는 중앙에 통로를 내고 양옆에 사천왕을 모셔 사천왕문의 성격을 갖도록 하고, 위층에는 종을 두어 범종루의 성격을 겸하도록 한 건물로서 매우 독창적인 기능의 결합을 보여 주고 있다. 또한 이러한 형

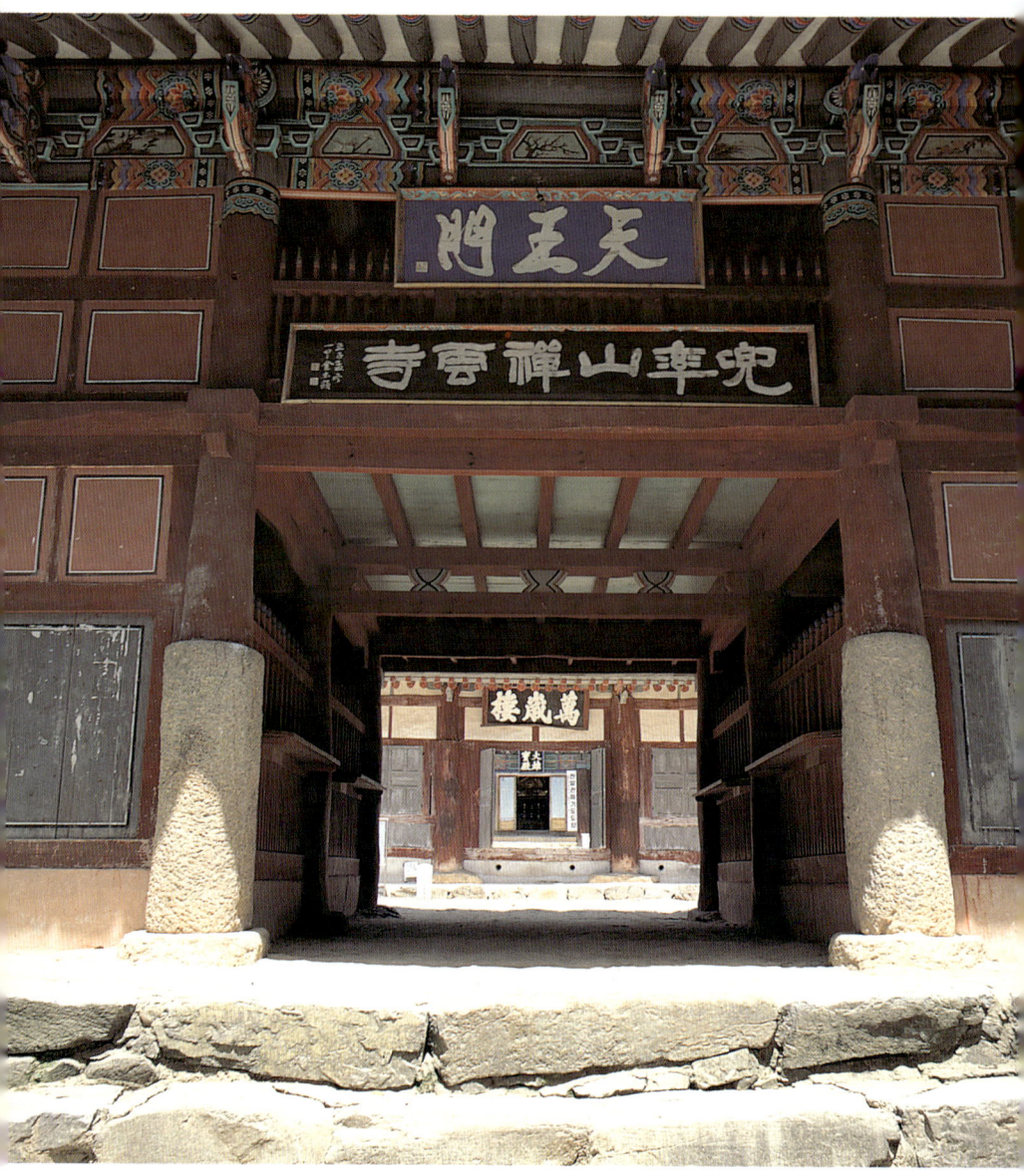

천왕문 아래층 중앙에 통로를 내고 양옆에 사천왕(옆면 사진)을 모셔 사천왕문의 성격을 갖
도록 하고, 위층에는 종을 두어 범종루의 성격을 겸하도록 한 건물로서 매우 독창적인 기능
의 결합을 보여 준다. 아래층에는 일중 김충현이 쓴 '도솔산선운사' 라는 현판이, 위층에는
조선시대 명필로 이름을 날린 원교 이광사가 쓴 '천왕문' 현판이 걸려 있다.

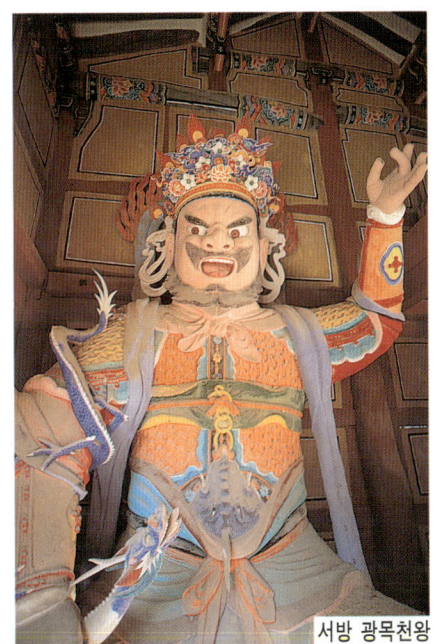

서방 광목천왕

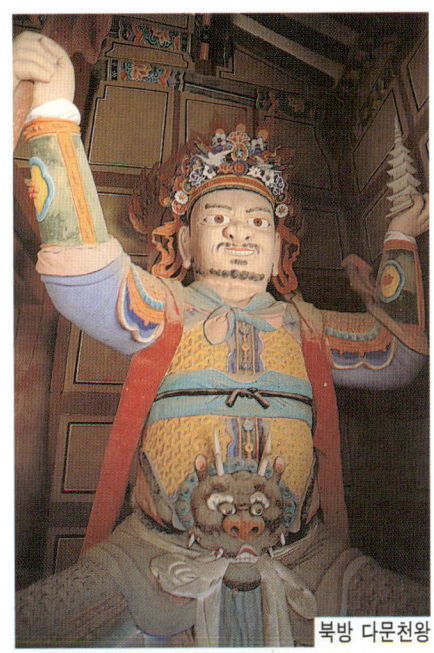

북방 다문천왕

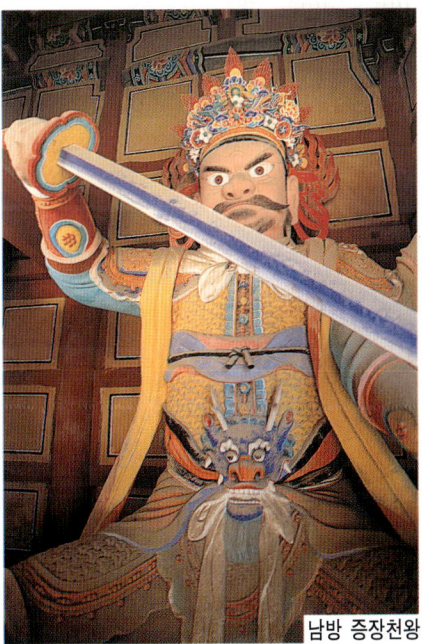

남방 증장천왕

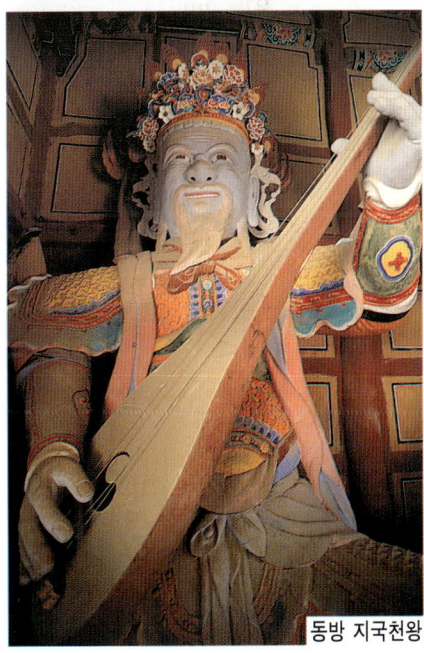

동방 지국천왕

태는 선문진입과 누하진입을 겸하도록 한 것이어서 특이하다. 그에 따라 전통건축에서 문루의 수직동선을 해결하는 계단은 내부에 놓이는 것이 일반적인데, 1층이 사천왕문의 기능을 수행하여야 하기 때문에 후면의 외벽에 붙여 계단을 설치한 특이한 모습을 갖게 되었다.

선운사 범종

현재 선운사 사천왕문 위, 누각에 보관된 이 범종은 1818년(순조 18) 작이다. 전라북도유형문화재 제31호. 총높이 124센티미터, 종신 높이 105센티미터, 용뉴 높이 19센티미터, 천판경 56센티미터, 유곽장 31 ×

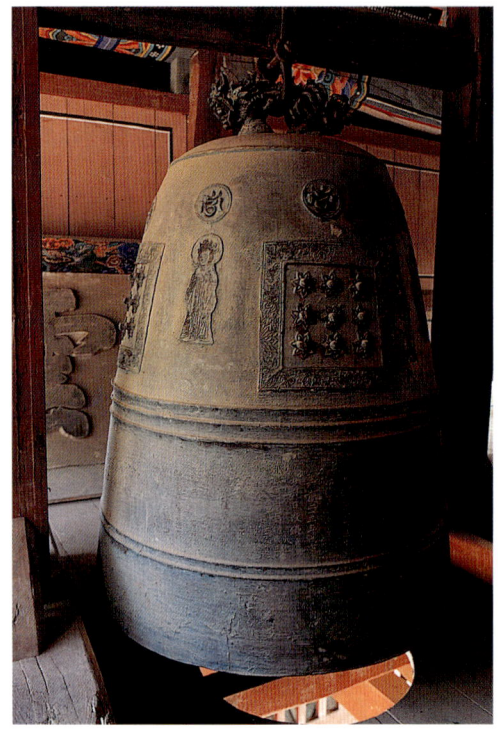

천왕문 범종 네 곳에 유곽을 만들고, 그 안에 9개의 유두를 달았으며, 유곽과 교대로 4구의 보살 입상이 배치되어 있다.

28.5센티미터, 유곽폭 4.5센티미터, 입지름 93센티미터.

달아매는 고리인 쌍용뉴(雙龍鈕)를 갖추고 있으며, 음관(音管) 대신 종신 상면에 한 개의 원공(圓孔)이 뚫려 있다. 종신의 상대(上帶)에 범자(梵字)가 양각된 8개의 작은 원이 조식된 수법은 1788년 작 참당암 대웅전 동종(본문 106쪽 참조)과 유사하다. 종복에는 네 곳에 유곽(乳廓)을 만들어 그 안에 9개의 유두를 달았으며, 유곽과 교대로 4구의 보살입상이 배치되었다. 유두는 7엽의 화문 안에 낮은 반구형 돌기를 배열하였다. 연꽃당초문으로 정사각형의 테를 장식한 유곽 아래, 3조로 된 융기 태선을 돌려 상하로 구분하였고 종구면 가까이에 또다시 2조의 태선 융기 횡선대를 돌려 장식하였다. 이 두 융기 태선 사이에 명문을 음각하였는데, 영남의 도편수 권동삼에 의해 다시 주조[改鑄]되었음을 알 수 있다.

만세루

선운사의 강당(講堂)으로 정면 9칸, 측면 2칸 규모이며 전라북도유형문화재 제53호로 지정되어 있다. 매우 긴 장방형으로 '누(樓)'라고 이름이 붙어 있으나 실제로는 낮은 단층 건물이며, 대웅보전과 천왕문을 연결하는 선상에 위치하고 있다.

천왕문 쪽에서 바라보이는 벽에는 판장으로 분합창을 설치하여 열고 닫을 수 있도록 하였는데, 이 문을 개방하면 천왕문에서 진입할 때 대웅보전의 일부가 시각적으로 관통하여 보이도록 되어 있다. 그리고 대웅보전 쪽으로는 벽체를 두지 않고 개방하여 대웅보전 건물과 밀접한 관계를 맺도록 되어 있는데, 이는 법회와 같은 행사가 있을 때 이용이 용이하도록 한 것이다.

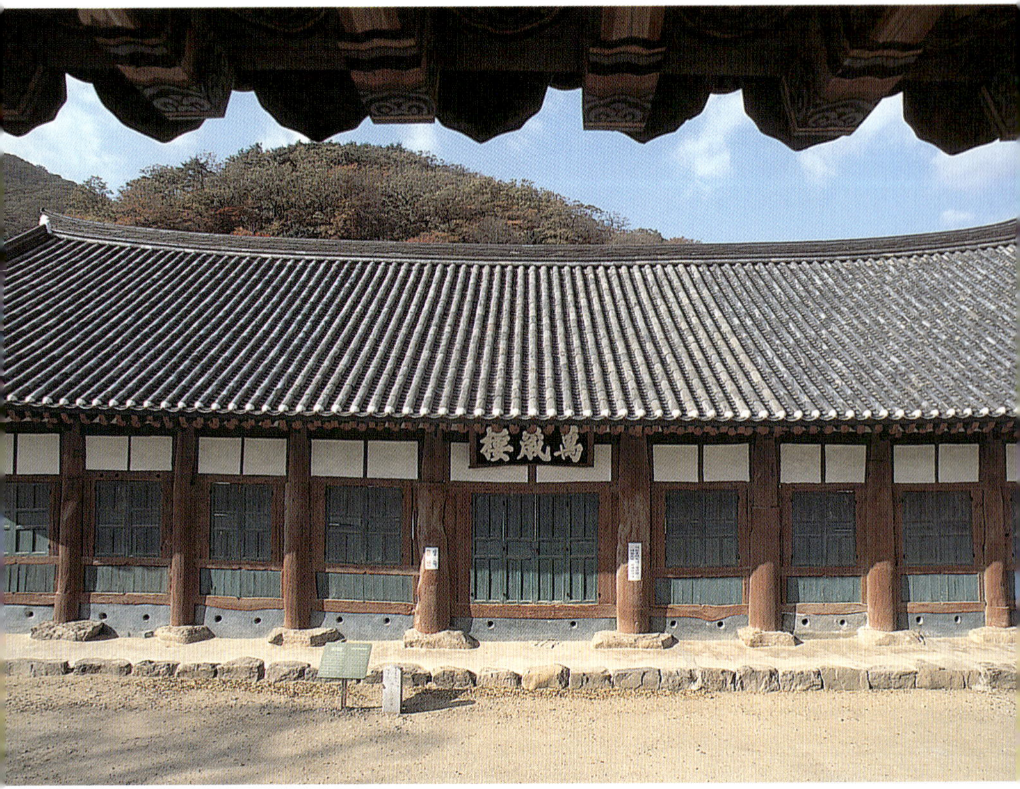

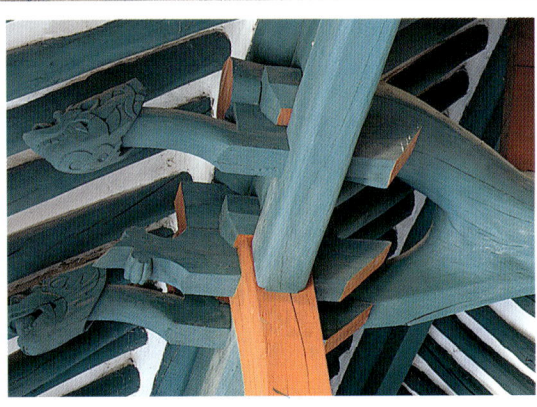

만세루 매우 긴 장방형으로 '누'라고 이름이 붙어 있으나 실제로는 낮은 단층 건물이다. 이 건물은 자연스러운 부재가 많이 사용되어 해학적인 느낌을 주는데, 왼쪽 사진은 만세루 내부의 어칸 대들보 상부 모습이다.

건물의 주칸을 설정하는 방식은 일반적으로 많이 사용되는 중앙칸을 강조하는 기법을 사용하여 중앙 어칸의 기둥 간격을 가장 넓게 하고 측면 쪽의 협칸은 좁게 계획하였다. 내부의 평면도 특이한 편인데, 중앙 3칸은 전후면 중앙에 놓인 고주(高柱)를 생략하여 전후면을 통으로 사용할 수 있도록 하였으며 좌우측 3칸은 중앙에 기둥이 들어서 있다. 그에 따라 중앙 3칸은 대들보가 전후면의 기둥에 걸쳐 설치되어 있으며 좌우측의 3칸은 고주를 올려 가구를 결구하였다.

이 건물의 가장 특징적인 점은 매우 자연스러운 형태의 부재가 많이 사용되었다는 점이다. 기둥의 형태를 비롯하여 상부 가구 부재에도 천연덕스럽게 휜 것이 많고 또 기둥에서 상하가 다른 부재를 이어 사용한 것도 많다. 그 중에서도 특히 어칸의 대들보 상부에 있는 종보의 경우에는 양쪽 모두 끝이 두 갈래로 갈라진 것을 사용하고 그 끝에 용머리를 끼워 장식적으로 처리함으로써 해학적 표현의 극치를 보여 주고 있다. 그러나 다른 한편으로 이러한 부재의 사용은 조선 후기 목재의 공급이 어려웠던 시대적 상황을 보여 주는 것으로, 좋은 건축 자재를 구하기 어려운 상황에서 발휘된 그 나름대로의 독특한 건축적 해결법이라 할 수 있다.

대웅보전

천왕문에서 만세루를 돌아서면 우뚝 자리잡고 있는 대웅보전은 선운사에서 가장 중심이 되는 주불전이다. 조선시대의 양식적 특징을 잘 보여 주는 사찰 불전 건물로 현재 보물 제290호로 지정되어 있는데, 정면 5칸, 측면 3칸 규모이며 특히 전면의 기둥 사이가 넓어 불전 중 규모가 큰 편에 속한다.

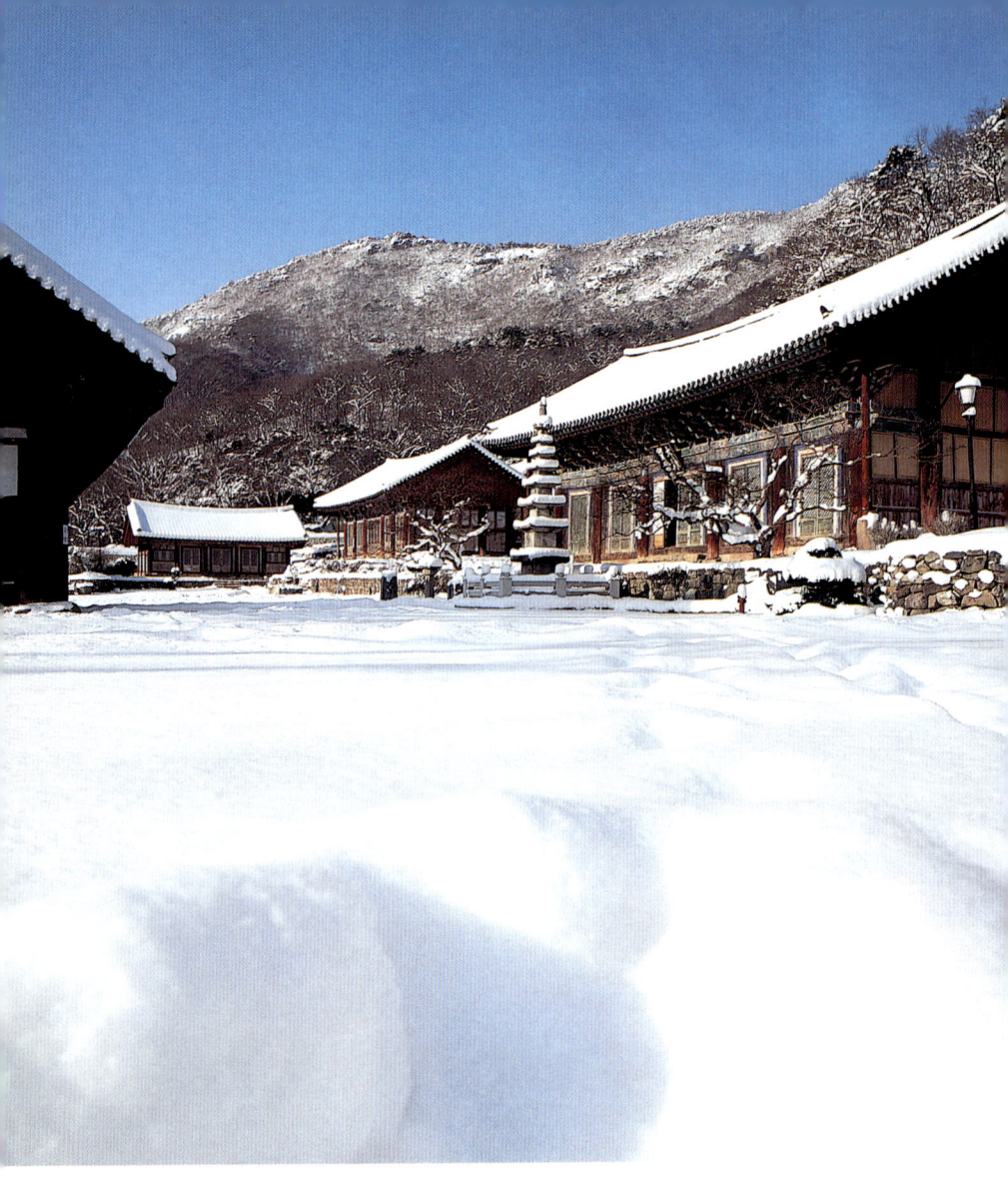

대웅보전 일곽 만세루를 돌아서면 우뚝 자리잡고 있는 대웅보전은 선운사에서 가장 중심이 되는 주불전이다. 조선시대 건축의 양식적 특징을 잘 보여 주며 현재 보물 제290호로 지정 되어 있다.

현재 남아 있는 건물은 정유재란으로 인해 소실되었던 것을 1613년 (광해군 5) 무장현감 송석조의 발원으로 원준대사가 5칸 법당으로 새로이 조성한 것이다. 1633년에 삼존불상을 조성하고 1634년 가을에 불상을 봉안하였다. 1600년대 후반에 다시 중창을 하였는데, 1689년 단청을 다시 할 때 후불탱도 조성하였다고 하나 현재는 남아 있지 않고 1840년에 제작된 후불벽화(後佛壁畵)가 남아 있다. 1840년 법당의 2칸이 퇴락하여 중수하였으며, 1937년에 다시 해체 복원되어 오늘에 이르고 있다.

건물은 '다포계(多包系)' 형식으로 분류되는데, 다포계 건축물 중에서도 조선 중기의 양식적 특징을 잘 보여 주는 건물이다. 공포 형태의 발달을 역사적인 관점에서 바라보면 대체적으로 간략한 형태에서 복잡하고 장식적인 모습으로 발전하였는데 이 건물은 조선 후기의 매우 장식적인 경향과 조선 전기에 보이는 매우 단순 간결한 모습의 중간적인 모습을 하고 있다. 그리고 지붕 형태는 맞배집의 형태를 취하고 있어서 전체적으로는 다포계 맞배집으로 분류되는데 그에 따라 측면에는 공포를 배열하지 않았다.

한편 건물의 전후면 공포를 비교해 보면 재미있는 사실을 알 수 있다. 전면의 공포는 앞쪽의 끝단을 소혓바닥 모양으로 생겼다고 하여 쇠서〔牛舌〕라고 불리우는 삐죽 내민 형태로 처리하고 초각을 틀어 매우 장식적인 반면, 뒷면의 경우에는 모서리를 궁글린 듯한 간단한 형태인 교두형으로 처리한 것을 볼 수 있다. 또 내부에서 공포를 보면 전면의 경우에는 부재를 하나하나 분리된 형태로 표현하지 않고 하나로 합쳐 당초문 초각과 함께 연봉, 연화, 봉황두 등으로 끝을 장식하는 등 매우 장식적인 모습을 보이고 있는 반면, 뒷면의 경우에는 바깥과 마찬가지로 간결한 형태로 처리되어 있다.

이는 전면의 경우 사람의 눈에 많이 뜨이는 곳이기 때문에 장식을 많이 하고 상대적으로 잘 보이지 않는 뒷면의 경우에는 장식을 하지 않음

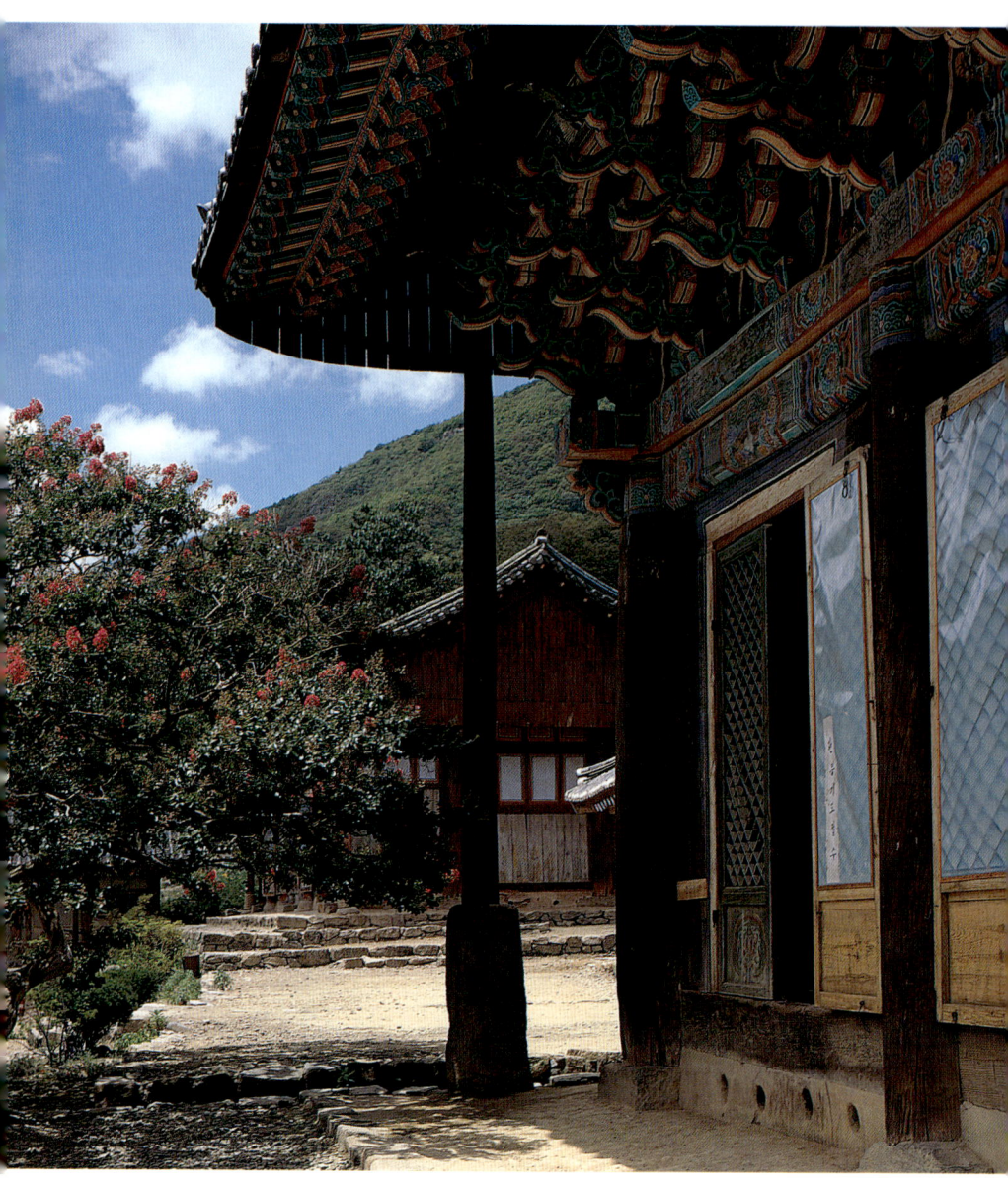

대웅보전 전면 활주 대웅보전은 맞배지붕임에도 불구하고 좌우측으로 빼어낸 지붕이 처지
는 것을 방지하기 위해 활주라고 불리우는 받침기둥을 네 모서리에 세웠다.

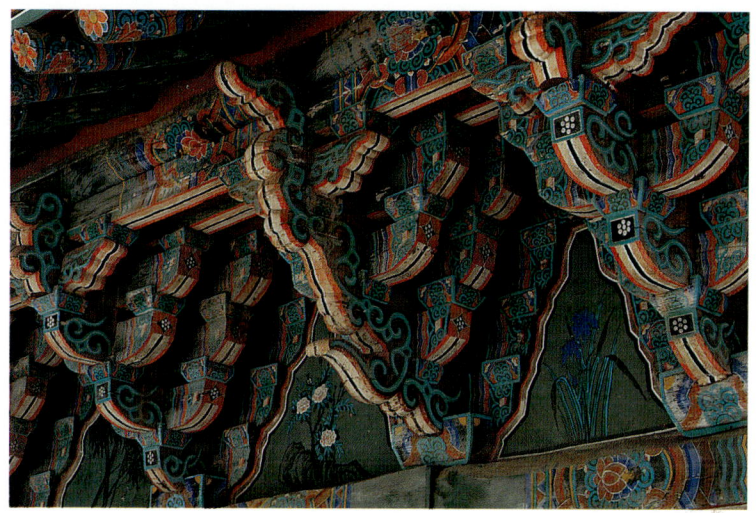

대웅보전 후면 공포 매우 장식적인 전면의 공포에 비해, 후면은 모서리를 궁글린 듯한 간단한 형태인 교두형으로 처리하였는데(사진 좌우 공포 참조), 중요도에 따라 의장을 달리하는 조선시대의 보편적인 의장 기법이다.

으로써 중요도에 따라 의장을 달리하는 기법으로 조선시대의 건물에 매우 많이 보인다.

또한 서까래를 받치고 있는 외목도리의 아래 놓여 있는 제일 마지막 출목첨차는 다른 첨차와는 달리 아래면을 조각한 화각첨차라고 불리우는 것을 사용하여 변화를 주고 있는데 전면 어칸 쪽에만 이러한 첨차를 사용하지 않아 일반적인 처리 방식과는 차이가 있다.

그리고 다른 맞배집과 달리, 좌우측으로 빼어낸 지붕이 처지는 것을 방지하기 위해 활주(活柱)라고 불리우는 받침기둥을 네 모서리에 세웠다. 보통 이런 활주는 팔작지붕이나 합각지붕과 같은 건물에서 전후좌우 사방으로 지붕면이 형성되는 모서리부에서 45도로 뻗어 나가 지붕을 받는 추녀(春舌)라는 부재를 받기 위해 세우는 것이 일반적이다. 그

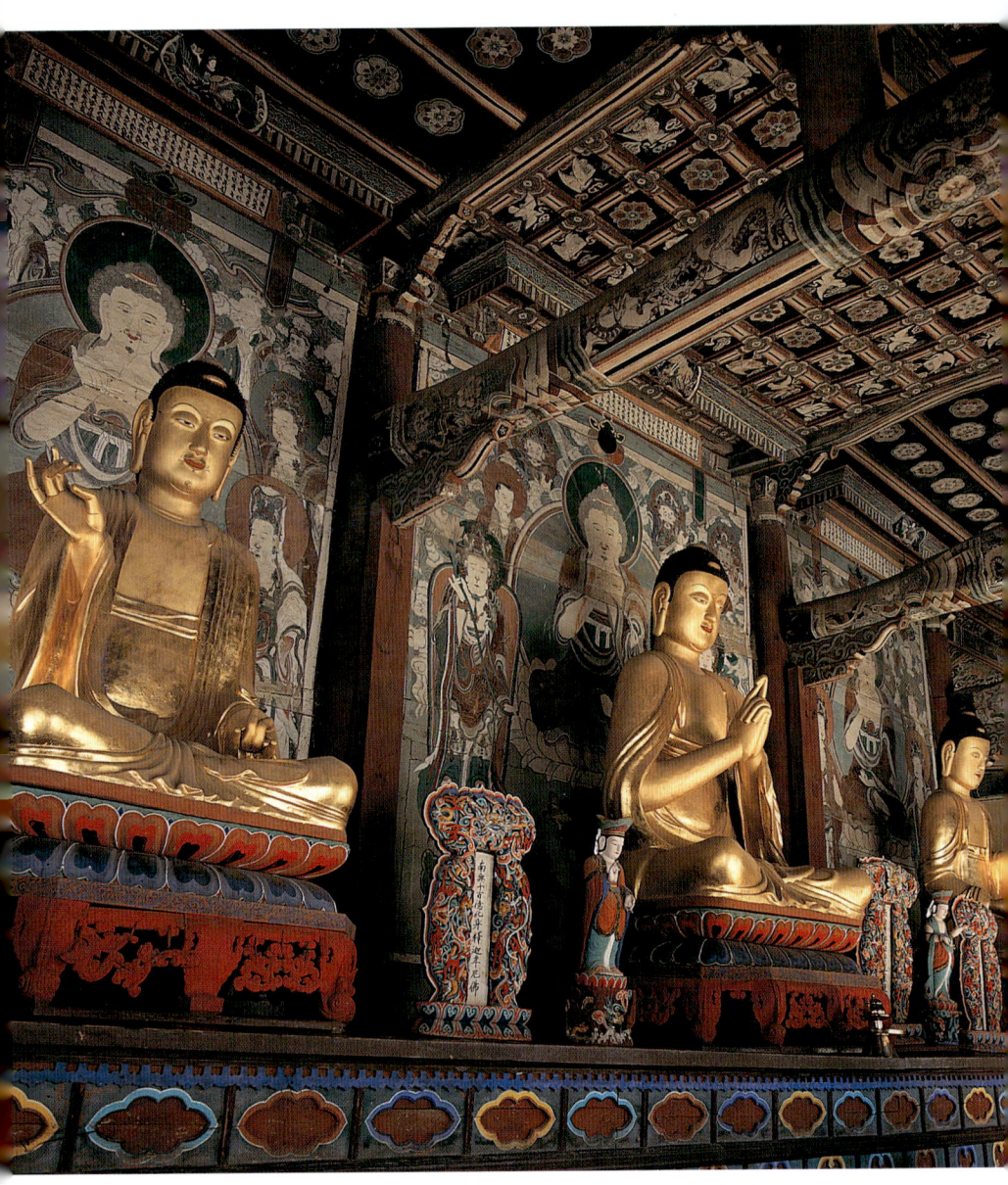

대웅보전 내부 비로자나불상 좌우로 약사불과 아미타불의 삼불상이 배열되어 있다. 불단
위 천장은 중앙의 어칸을 주변에 비해 보다 고급스런 기법으로 처리하였다.

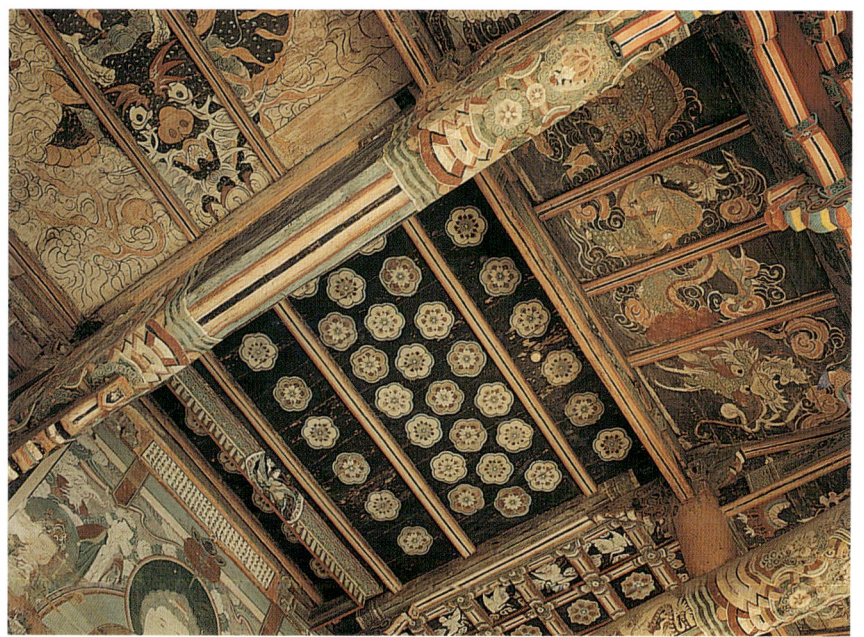

대웅보전 천장 대웅보전의 장엄에서 주목할 만한 점은 용 문양이 풍부하게 사용되고 있다는 점이다. 어칸 좌우 대들보의 중앙에 청, 황, 백의 용들이 힘찬 모습으로 그려져 있으며 전후면의 빗반자와 협칸반자 등에도 용들이 풍부하게 그려져 있는데 표현이 매우 뛰어나다.

러나 선운사 대웅보전 건물은 이런 추녀가 없는 구조임에도 불구하고 활주를 사용하여 특이하다.

건물의 벽체는 중방이라는 벽의 중앙을 가로지르는 부재로 분할되어 윗면은 심벽을 두고 아래면은 판장벽으로 처리하여 특이하다. 이러한 판장벽의 사용은 선운사 내외 다른 건물에서도 많이 보이고 있는데 판장벽은 일반적으로 많이 사용되는 심벽에 비해 통풍이 잘 된다는 장점이 있으므로 남쪽이면서 바닷가에 가까운 지리적 특성 때문에 사용된 것이 아닌가 추정된다.

건물 내부에 세워진 고주는 시대가 뒤떨어질수록 뒤쪽으로 붙어 측면의 고주와 일치하지 않는 경향을 보이나 선운사 대웅보전의 고주는 양측면의 기둥열과 일치하도록 되어 있다.

중앙의 불단은 단순한 편이며, 닫집도 간략하다. 특히 불상 상부의 닫집은 판재를 사용하여 매우 간략화된 형태로 만든 운궁형 닫집으로 각 불상의 상단에 각각 시설하였는데 이는 불상의 크기가 전각에 비해 조금 큰 듯한 데서 비롯된 것 같다. 이렇게 간략화된 닫집을 설치할 때는 보통 주변의 다른 요소들을 사용하여 신성한 불단의 공간을 강조하도록 하는 경우가 많은데, 이러한 관점에서 주목되는 부분은 천장의 처리이다. 불단 위 중앙의 1칸은 우물천장으로 꾸미고, 좌우의 각 2칸은 긴 횡목으로 가로질러 3분한 후 그 위에 반자판을 올린 평천장으로 처리하였으며, 전후면의 퇴칸에는 빗천장을 시설하여 위치에 따라 변화 있게 장엄하되 중앙의 어칸을 주변에 비해 보다 고급스런 기법으로 처리함으로써 중앙부를 강조하고 있다. 이렇게 불전을 장엄하는 경우 중앙의 부처님이 계신 곳과 주변을 의도적으로 차별화하는 것이 일반적이다.

내부 장엄 중 특히 주목되는 것은 용 문양이 매우 풍부하게 사용되고 있다는 점이다. 우선 어칸 좌우 대들보의 중앙에 청, 황, 백의 용들이 힘찬 모습으로 그려져 있으며 전후면의 빗반자와 협칸반자 등에도 용들이 풍부하게 그려져 있는데 그 표현이 매우 뛰어나다.

삼불상

법화경에서 불교의 교주인 석가불을 큰 영웅이라는 뜻으로 대웅세존(大雄世尊), 세존이라고 부르는 데에서 석가불을 모신 전각을 대웅(보)전이라 부르게 되었다. 대웅(보)전에는 석가불상 뒤에 석가불이 영취산에서 법화경을 설법하는 영산회상(靈山會上) 후불탱화를 모시는 것이 일반적이다.

대웅(보)전의 중앙 벽에 불벽(佛壁)을 한 줄 세워 그 앞에 불단을 만들었다. 그러나 이 위에는 비로자나불상 좌우로 약사불상과 아미타불상

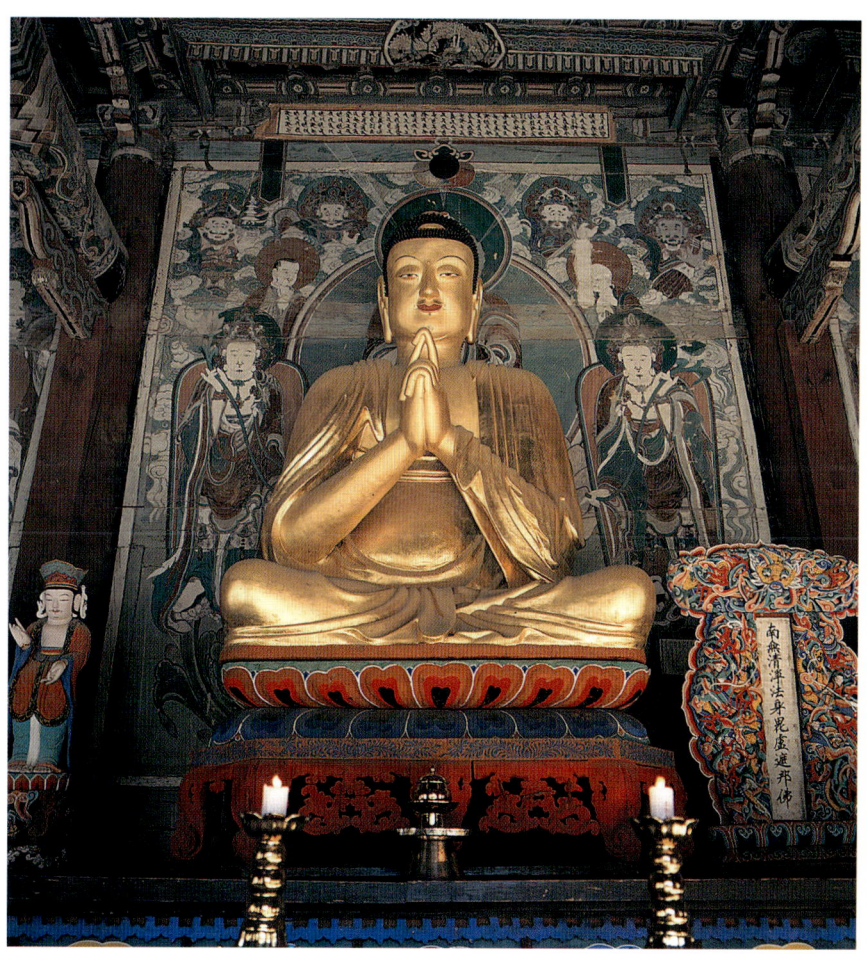

대웅보전 비로자나불상 대웅보전 삼불상은 결가부좌한 자세나 얼굴 표정, 거대한 형태 등에서 유사하다. 비로자나불좌상은 오른손이 왼손을 감싸 검지의 끝을 서로 맞댄 지권인의 손모양이다. 대좌는 불상을 받치는 상대와 그것을 받치는 하대의 2단 형식이며 구름무늬와 다리의 2조 투각 등 장식적인 면이 보인다.

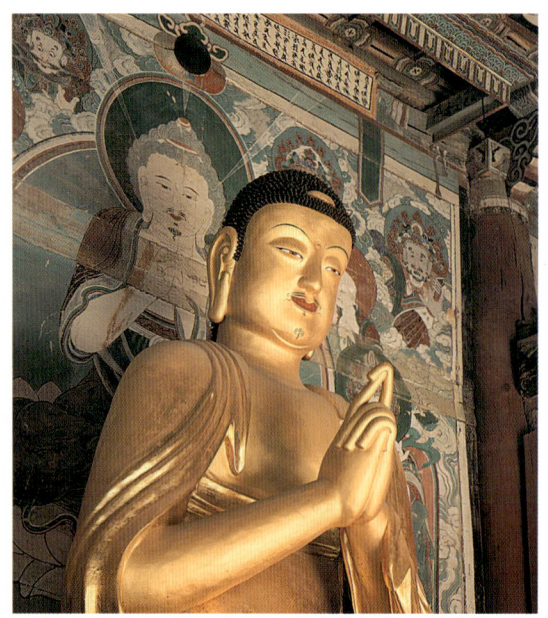

대웅보전 비로자나불상
옆면

의 삼불상이 배열되어 있다. 또한 각 불상 앞에 놓여진 명패도 그 존명(尊名)이 일치하지 않는다. 불상 앞에 놓여진 명패를 보면, 비로자나불상 앞에는 '나무청정법신비로자나불(南無淸淨法身毘盧遮那佛)', 약사불상 앞에는 '나무원만보신노사나불(南無圓滿報身盧遮那佛)', 아미타불상 앞에는 '나무십백억화신석가모니불(南無十百億化身釋迦牟尼佛)'이라 쓰여 있다. 이 명패에 적힌 대로 불상이 배치된다면 비로자나불상의 좌우에 노사나불상과 석가불상이 안치된다. 이러한 비로자나삼신불상을 모신 전각의 명칭은 '대적광전(大寂光殿)'이어야 하나 '대웅(보)전'이라 되어 있으며, 주존불(主尊佛)도 비로자나불상의 좌우로 약사불상과 아미타불상이 봉안되어 있다.

아무튼 최근 조사된 비로자나불상 대좌의 묵서명에 의하면 1633년

(인조 11) 2월에 비로자나불, 약사여래, 아미타불 삼존상을 나무로 조성하기 시작했으며, 1634년 봄에 목삼존에 황금을 올리고, 4월 22일에는 목삼존을 법당으로 옮겨 봉안하였다. 목조삼존상은 매우 큰 편으로, 비로자나불, 약사여래, 아미타불상을 조성한 화원(畵員)들의 명단을 살펴보면, 책임을 맡아 화원을 이끄는 으뜸가는 화원, 곧 집원(執元)화원인 무염(無染)비구 등 12명의 화원이 참여하고 있다.

목조삼불좌상은 간략화된 삼신삼세불 형식으로 본존좌상은 383센티미터, 좌·우불좌상은 각기 348센티미터의 대형 불상이다. 이 삼불상은 결가부좌한 자세나 얼굴 표정, 거대한 형태 등이 유사하며, 비로자나불좌상은 오른손이 왼손을 감싸 검지의 끝을 서로 맞댄 지권인(智拳印)의 손모양이며, 아미타불좌상은 오른손은 들고 왼손은 다리에 두어 엄지와 중지를 맞댄 아미타불의 손모양을 하고 있다. 약사불좌상은 손의 위치만 반대일 뿐, 오른손에 약합을 들고 있다.

삼불좌상은 얼굴의 줄어든 양감, 경직된 어깨가 특징이며, 약사불은 뚜껑이 덮인 약그릇을 들고 있다. 경직된 신체에 걸쳐진 착의(着衣) 형식이 다양하나 모두 가슴에서 배까지 U자형으로 나타나고, 배 부분의 군의(裙衣)는 가슴까지 올라가 있어 배 부분이 강조되고 있다. 직선적인 옷주름의 다양한 불의(佛衣)는 삼불의 동일한 신체 표현에 활력을 불어넣고 있다.

목조대좌는 삼불상이 같은 형식이지만 본존상이 크게 조성되었으며, 불상을 받치는 상대와 그것을 받치는 하대로 구성된 2단 형식의 대좌이다. 중대가 없지만 구름무늬와 다리의 2조 투각, 다리를 잇는 나무판 등에서 장식적인 면이 나타나 있다.

앞에서 언급한 목조삼존상 조상기에 의해 본존은 비로자나불, 좌우불은 약사불과 아미타불임이 밝혀졌으며, 이러한 도상은 삼신불(비로자나불·노사나불·석가불)의 본존불상과 삼세불(석가불·약사불·

아미타불)의 보처(補處)불상이 결합된 형식으로 삼불(三佛)로만 구성된 작품이다. 이는 극히 드문 도상 형식으로 김제 귀신사의 소조삼신불좌상(17세기 전반기)과 더불어 기림사 삼신불상, 삼척 영은사 삼신불상 등이 남아 있을 뿐이다.

특히 이러한 도상 형식은 불화에서 중앙에 삼신불과 그 양쪽에 약사불, 아미타불의 오불회도로 나타나며, 삼신불상은 불신관사상에서 노사나불과 석가불이 융합된 비로자나불 일불(一佛)로 축약된 것을 알 수 있다. 즉 대웅보전의 삼불회벽화 역시 노사나불과 석가불을 내포하고 있는 비로자나불과 약사불, 아미타불로 구성된 삼불 형식으로 오불상의 축약이라고 할 수 있다.

불화 중에는 오불회도가 다수 조성되었는데, 특히 삼신삼세불 형식 불화의 기준작인 경기도 칠장사 오불회괘불탱(五佛會掛佛幀, 1628년)을 중심으로 조선 전후기 삼신삼세불화의 변천과정은 일본 십륜사(十輪寺) 소장 오불회도(五佛會圖, 1490년경), 부석사 사불회괘불탱(국립중앙박물관 소장, 1684년)과 부석사 오불회괘불탱(1745년), 경기도 칠장사 삼불회괘불탱(1710년), 기림사 삼불회도(1715년), 선운사 후불벽화인 삼불회도(1840년) 등에서 도상적 특징과 아울러 변천과정이 분명하게 드러나 있다.

삼불회 후불벽화

대웅보전의 중앙 벽에는 세 점이 한 조로 조성된 삼불회 후불벽화(1840년, 보물 제290호)가 있으며, 좌우 벽에 신중도(1807년 작)와 독성도(1901년 작)가 모셔져 있다. 또한 후불벽화 뒷면의 삼면벽 중앙에는 수월관음도가 그려져 있으며 그 좌우에 인왕상이 있다. 후불벽화란 법당의 본존불상 뒤에 세워진 불벽에 그린 그림을 뜻한다.

각 벽화는 세로 465센티미터, 가로 320센티미터의 토벽에 회칠을 하고 채색했다〔土壁彩色〕. 앞서 삼불상의 도상 해석에서 살펴보았듯이 간략화된 삼신삼세불 형식의 불화로 1710년 작 경기도 칠장사 삼불회괘불탱이 석가불 중심으로 노사나불과 아미타불이 등장하고 약사불과 비로자나불이 생략되었으며, 1715년 작 기림사 삼불회도는 노사나불과 석가불이 생략되어 아미타불, 비로자나불, 약사불이 횡으로 배치된 가장 간단한 삼신삼세불 형식이다. 선운사 삼불회도는 삼신삼세불 형식의 불화 중 거의 마지막 단계의 작품이라고 하겠다.

특히 고려시대에 후불화는 주로 벽화로서 많이 제작되었으나 그 이후에는 탱화가 후불화를 대신하는데, 이 선운사 벽화는 조선시대 후기에 제작된 후불벽화인 점에서 보다 중요하다. 비로자나후불벽화의 화기(畵記)에 의하면 현세에 수복(壽福)을 누리고 내세에 극락왕생을 원해 조성된 것을 알 수 있다. 이 벽화는 화원 익찬(益讚), 원담 내원(圓潭乃元) 등 11명이 그린 것으로, 익찬 등은 1821년 작 아미타극락회상도(국립중앙박물관 소장)의 제작에도 참여했다.

또한 이 대웅보전 삼불회 후불벽화와 관련된 자료로, 선운사 사적인 「전각요사창건년대방명열목」을 들 수 있다. 이에 따르면 1839년 큰비에 법당 오른쪽 2칸이 무너져 1840년 봄과 여름에 보수 및 단청을 했는데, 화주는 성찬이다. 이 기록에서 1840년 여름의 단청과 화주 성찬은 대웅보전 후불벽화의 화기와 일치한다.

비로자나불회도 · 약사불회도 · 아미타불회도의 3폭을 살펴보면 다음과 같다.

비로자나불회도　세 폭의 벽화 가운데 중앙 그림으로, 거대한 화면에는 지권인의 손모양을 한 비로자나불좌상의 좌우에 문수보살과 보현보살이 시립한 비로자나삼존불을 강조하고, 이 주위로 가섭존자 · 아난존자, 그리고 화면 상부에 사천왕을 좌우 2구씩 배치한 간략한 구성이다. 비로자나불 · 문수보살 · 보현보살은 화면 아래에서 줄기가 솟아 올라온 연화좌 위에 자리하고 있다. 원형의 두광과 신광에 싸인 비로자나불은 소용돌이 모양의 나발(螺髮)에 쌍꺼풀진 눈, 내려온 눈썹이 특징적이다. 좌우 협시보살은 원형의 두광과 키 모양의 신광을 지닌 모습인데 줄기가 긴 연꽃을 들고 있다. 불·보살에 표현된 옷주름은 도식적인 흐름을 보이고 있다. 구름에 싸여 상체만 보이는 사천왕은 모두 보관(寶冠)을 쓰고 비파·칼·여의주·탑 등을 들고 있는데, 부리부리한 눈, 다양한 모양의 수염이 무장한 모습과 잘 어울린다. 적색과 녹색, 흰색 등이 주조색이며, 전체적으로 푸른 색조를 띠고 있다.

약사불회도　　병고(病苦)와 재난을 제거하여 중생을 구제하는 약사불은 왼손에 약합을 들고 있는 모습으로 나타난다. 이 약사후불벽화는 약사불좌상의 좌우에 합장한 일광보살과 월광보살이 시립한 약사삼존불에, 상단부에 두 보살과 4구의 성중(聖衆)이 첨가된 간략한 구성을 보이고 있다. 약사불은 화면 아래에서부터 뻗어 올라온 줄기 위에 활짝 핀 연꽃 위에 앉아 있다. 녹색의 두·신광에 싸인 약사불의 머리 모양은 소발을 일일이 소용돌이로 묘사한 것으로, 육계(肉髻)가 낮고 중앙계주(中央髻珠)만이 표시되어 있다. 둥근 얼굴과 건장한 신체를 지닌 불(佛)의 쌍꺼풀진 눈의 묘사는 나발 표현과 함께 특징적인 인상을 준다.

아미타불회도　　아미타불과 네 구의 보살, 두 제자 및 팔부신중이 표현된 간단한 구성이다. 원형 두광과 신광을 지닌 아미타불은 육계가 낮아져 둥글어지며, 정상계주(頂上髻珠)는 생략된 반면 중앙계주는 크게 표현되었다. 머리 모양은 나발인데 종래 머리 윤곽선에만 나발이 표현되었던 것과는 달리 일일이 소라 모양을 그려 넣었다. 줄기 위에 활짝 핀 연화좌에 앉은 아미타불은 신체 각 부가 방형(方形)이며 불안정한데, 두 손의 모양은 엄지와 중지를 맞댄 아미타구품인이다. 본존의 연화대좌에서 뻗어 나온 연꽃 위에 선 관음보살은 화불(化佛)이 새겨진 높은 보관을 쓴 백의관음보살(白衣觀音菩薩)로 손에는 정병(淨甁)을 잡고 있

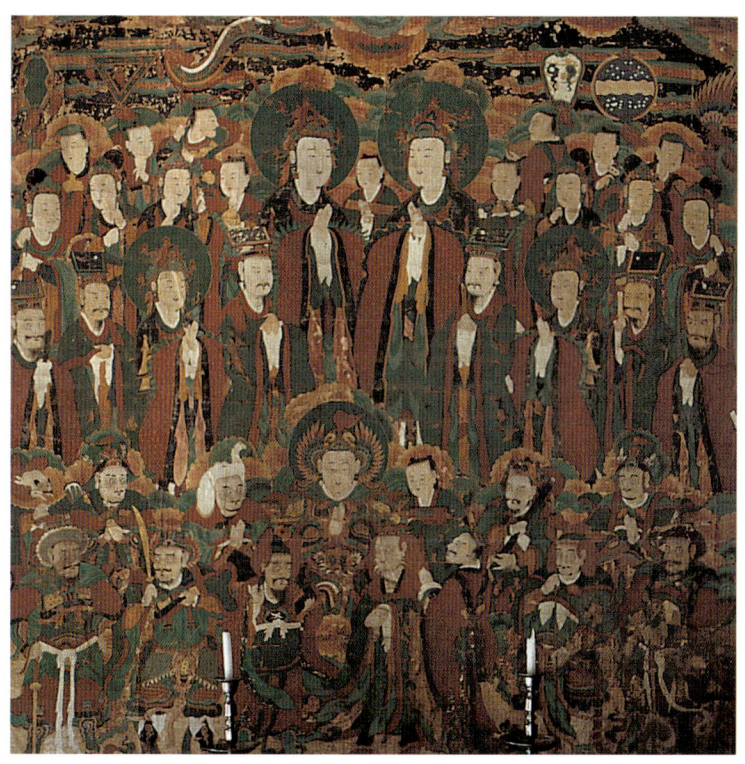

신중탱화 선운사에 남아 있는 불화 중 가장 연대가 올라가는 작품이다. 화면이 상하로 나누어진 가운데 상단은 범천과 제석천을 중심으로, 하단에는 위태천을 중심으로 많은 신중들이 배치되어 있다.

으며 장식이 화려한 육중한 보관에 정병을 새긴 대세지보살은 연꽃봉오리의 줄기를 들고 있다. 이외의 보살은 합장을 하고 있으며 화면의 윗부분에는 가섭존자와 아난존자 및 팔부신중이 표현되어 있다. 색채는 적색과 녹색이 주조를 이루지만 녹색 계열과 흰색 등이 많이 사용되어 전체적으로 차고 푸르스름한 느낌을 주는데, 18세기 전반기의 붉은색 위주의 부드러운 색조를 보이던 불화들과는 차이가 난다.

신중탱화

1807년(순조 7) 작. 비단 바탕에 채색. 세로 212센티미터, 가로 220센티미터. 보월(寶月), 완월(玩月), 환익(環益) 등 7명의 금어(金魚)가 그렸다. 선운사에 남아 있는 불화 중 가장 연대가 올라가는 작품이다.

신중탱화란 부처님의 정법(正法)을 수호하는 신들을 나타낸 그림이다. 범천(梵天)·제석천(帝釋天)·위태천(韋駄天)을 중심으로 많은 신중을 배치한 신중탱화는 화면이 상하로 나누어진다. 상단의 중앙은 합장한 범천과 제석천 주위에 비파·장고·소라·대금·생황 등 악기를 연주하는 주악천들이 둘러서 있으며, 이 아래에는 홀(笏)을 들고 머리에는 일월상을 얹은 두 왕이 시립하고 있다. 이 주위에는 천부(天部)의 여러 선신(善神)들인 일천자(日天子)와 월천자(月天子) 및 천녀(天女), 동자 등을 배치하였다.

하단부 중앙에는 새깃털 모양의 투구를 쓴 위태천 주위에 무장 모습의 팔부중들인 용(龍), 나왕(羅王), 호계대신(護戒大神), 복덕대신(福德大神), 사천왕(四天王) 등이 배열되어 있다. 이들은 칼이나 창을 든 천군(天軍)으로서의 위용을 잘 드러내고 있다. 적색과 녹색 위주로 흰색이 섞인 부드러운 파스텔톤의 중간 색조가 애용되었으며, 하늘에 검은색을 사용하였다. 많은 신중들로 인해 화면 구성이 복잡하지만 전체적으로 정연한 질서를 나타내고 있다.

독성도

1901년(광무 5) 작. 비단에 채색. 나반존자(那畔尊者)라고도 하는 독성은 남인도의 천태산에서 수도하면서 부처님 열반 후의 모든 중생을 제도하고자 하는 나한이다. 따라서 독성도(獨聖圖)는 천태산을 배경으로 늙은 비구가 앉아 있는 모습이 일반적이다. 백발의 머리와 수염, 희고 긴 눈썹, 부드러운 표정 등에서 오랜 세월 동안 불도(佛道)를 닦은 나한은 왼쪽 무릎을 세우고, 왼손으로는 불자(佛子)를 비스듬히 잡았으며, 오른손은 뒤로 하여 땅을 짚은 편안한 자세를 취하고 있다. 깊은 산과 계곡을 배경으로 기암괴석에 비스듬히 앉은 고승은 감색의 장삼에 적색의 가사를 걸쳐 강렬한 느낌을 준다. 산과 계곡, 붉은색의 소나무, 탐스러운 꽃들과 새 등은 신비하고 평화로운 천태산의 모습을 잘 묘사하고 있다. 작자인 관하 종인(觀河宗仁)은 같은 해 팔상전의 아미타후불탱과 팔상도를 제작했다.

선운사 6층석탑

대웅보전 앞에 위치한 고려시대 화강암 석탑. 전라북도유형문화재 제29호. 다층탑은 홀수탑이 보편적이지만 6층은 그 예가 거의 없다. 높이 600센티미터.

방형의 축대 안에 지대석을 짜고 그 위에 정사각형의 돌 윗면을 둥글게 처리한 하대석과 네 귀에 우주(隅柱)를 새긴 사각형의 중석을 올렸다. 지붕돌인 옥개(屋蓋)의 층단 받침은 5단이며, 각 층의 옥신은 사각형의 일매석으로 되었고 네 귀에 역시 우주를 새겼다. 최상층인 6층의 옥개석 위에는 복발(覆鉢)이 얹혀져 있으며, 이 위로 1매의 석재로 만든 팔각의 귀꽃이형으로 각출(刻出)된 보개(寶蓋)를 얹어 놓았다. 상륜부(相輪部)의 이색적인 스타일이라든가 상대갑석을 문양으로 장엄하는 등, 고려 후기 14세기 석탑으로 추정된다.

사적기에는 조선 성종(成宗) 때 행호선사가 홀로 우뚝 솟은 이 9층석탑을 보고 사찰의 중창을 도모하였다고 적혀 있다. 따라서 현재의 탑은 성종 이후 3층이 유실된 것을 알 수 있다.

석등

대웅보전 앞에 있으며 복연(覆蓮)·육각간주(六角竿柱)·옥개·상륜

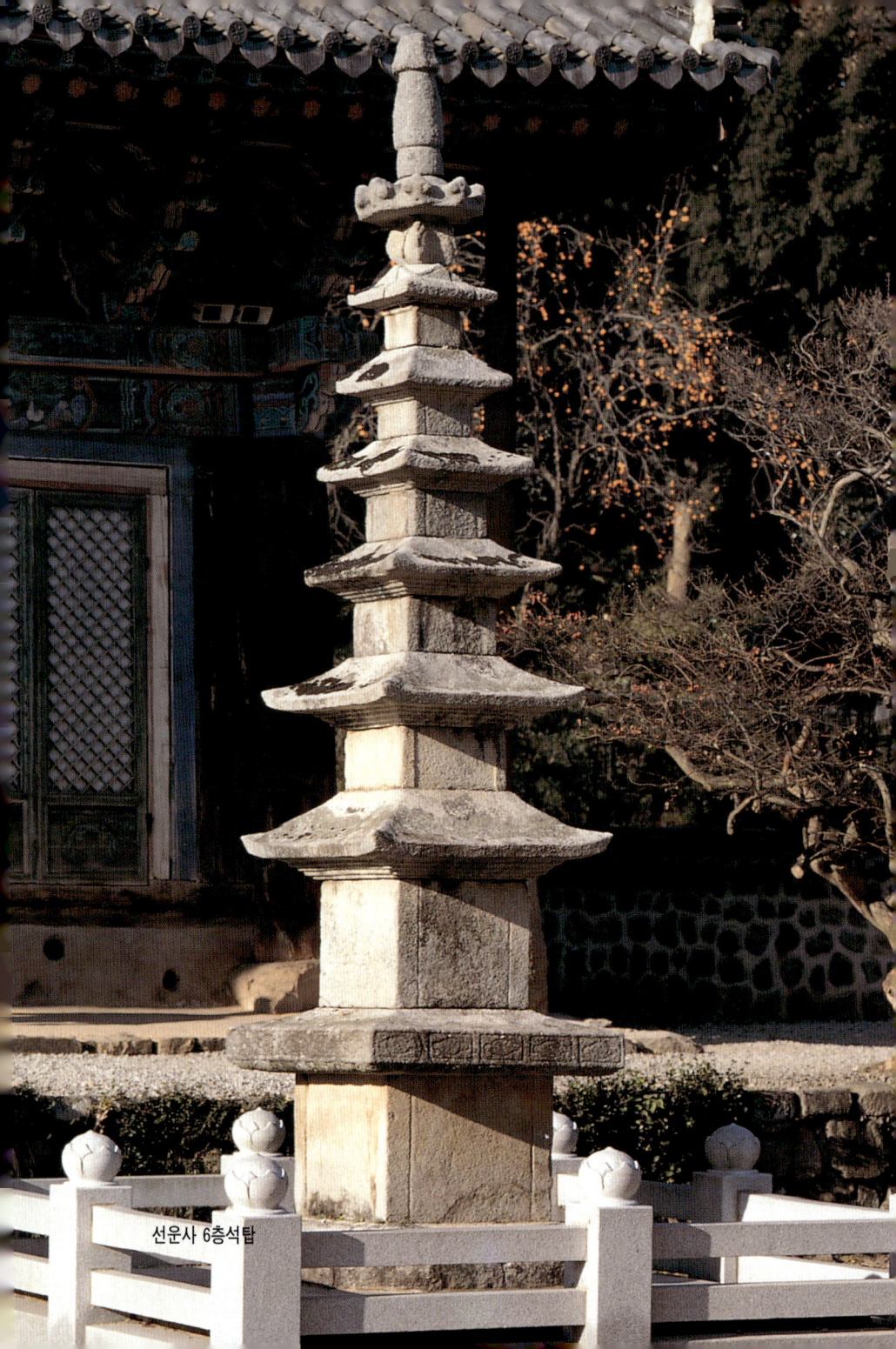

선운사 6층석탑

등으로 구성되어 있다. 높이 230센티미터. 길쭉한 육각간주로 볼 때 석등이 분명하다. 본래 석등은 석탑 앞에 설치하는 경우가 많은데, 이 석등은 바로 옆에 있는 6층석탑과 동시에 제작되었고 이것이 후에 파손, 도괴되자 현재의 위치로 옮겨진 것 같다.

석조 노주(露柱)

대웅보전 앞에 있으며 방형의 간주(竿柱), 연화문을 새긴 옥개, 상륜부로 구성되었다. 노주는 감로(甘露)를 받드는 구조물에서 유래되었다고 한다. 신비로운 이슬을 의미하는 감로는 '부처님의 말씀, 즉 진리'로도 통하므로 이를 상징적으로 나타낸 것이다.

영산전

대웅보전의 왼쪽에 있는 불전으로 정면 5칸, 측면 3칸의 맞배지붕 건물이다. 영산전은 석가모니의 일생을 기리고 그 행적을 보여 주는 전각이다. 신라대에 창건되었다는 기록이 있으며 본래 이름은 '장륙전'이었다는데, 1713년에 단층으로 바꾸었다고 한다.

영산전은 대웅보전과 유사하게 계획된 것으로 보이나 대웅보전에 비해서는 건물의 격이 떨어진다. 그러나 매우 다양한 장엄으로 화려한 면모를 보여 준다.

공포는 쇠서를 내밀지 않고 초각으로 말아 올린 물익공 형식에 가까운 형태로 처리하였으며, 상단에 봉황의 머리를 조각하고 화각첨차를 사용하는 등 후기의 경향을 보여 주고 있다.

이 건물에서 흥미를 끄는 부분 중 하나는 초석의 형태인데, 전면의 초석을 자세히 들여다보면 위치에 따라 그 형태가 다르게 생겼음을 알 수

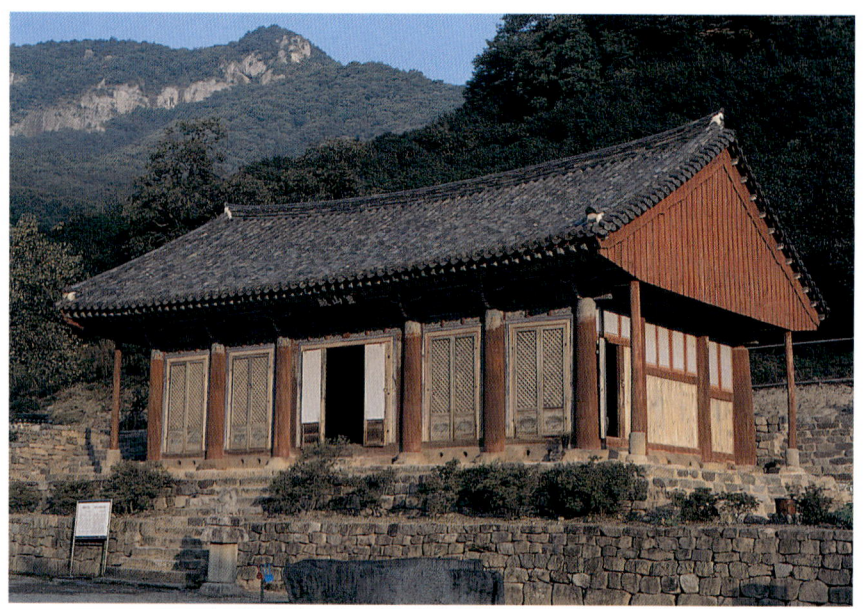

영산전 화려한 장엄으로 조선 후기의 건축 기법을 보여 준다. 위치에 따라 초석의 형태가 다른 것이 흥미롭다.

있다. 즉 어칸은 육각형의 대석에 원형으로 잘 다듬어진 초석을 사용하였으며, 측면 쪽으로 그 다음 것은 아래는 자연석 초석이나 상단을 원형으로 쇠시리 처리한 것을 사용하였고 제일 바깥쪽의 초석은 자연석을 사용하여 구분하고 있다.

또한 영산전 건물은 내부 평면 구성이 특이하여 주목할 만하다. 중앙의 3칸에 불단을 형성하되 어칸의 경우 후면벽까지 붙여 불단을 조성함으로써 반 '됴' 자형의 불단 평면이 되었는데 이는 매우 특이한 평면이용 형태이다. 후면벽까지 넓혀진 중앙 불단에는 석가삼존을 모시고 좌우측으로 'ㄱ' 자형으로 형성된 불단에는 16나한상을 모셨다. 석가삼존은 본존으로 석가여래좌상과 협시보살로 좌측에 제화갈라보살입상, 우측에 미륵보살입상을 모셨으며, 이렇게 특이하게 불단의 평면을 구성하게 된 이유는 영산전 건물에 모신 불상이 건물 규모에 비해 크기 때문인 것으로 추정된다.

한편 영산전 건물의 천장 구성은 대웅보전 건물과 매우 유사하게 평천장과 빗천장을 조합한 형식인데 조금 차이가 나는 것은 불상 상단의 닫집 처리이다. 대웅보전은 삼존불 각각의 머리 위에 닫집을 설치한 형태이나 영산전의 경우에는 중앙 어칸의 후면 고주를 가로질러 운궁형 닫집을 설치하고 빗천장 받침목에 연화 초각을 하여 대웅보전보다 간략화된 형식을 사용하였다.

그리고 후면 쪽 고주는 종보까지 올라가는 기둥을 사용하고 전면 쪽 내진주는 대들보 하단까지 올라가는 부재를 사용하여 받침기둥의 역할을 하도록 하고 있다. 앞에서 언급한 대로 영산전의 경우 2층의 장륙전을 단층으로 개조한 것이라고 하는데 현재 사용된 기둥 부재 등은 중층 건물을 구성하기에는 부재가 튼실하지 않은 편이어서 중층에서 단층으로 개조시 부재의 교체가 심했던 것으로 추정된다.

목조석가삼존불상

1821년 작. 석가불좌상 높이 276센티미터, 무릎폭 188센티미터. 제화갈라보살과 미륵보살 높이 각 254센티미터. 전라북도유형문화재 제28호. 목조 금박.

영산전의 중앙에는 석가불좌상을 중심으로 제화갈라보살과 미륵보살이 시립한 석가삼존불상이 배치되어 있다. 선운사에 있는 「도솔산선운사영산전성조시주록서(兜率山禪雲寺靈山殿成造施主錄序)」에 의하면, 1713년(숙종 39)에 태학(太學)과 태산(太山)의 두 대사가 장륙화신불(丈六化身佛)을 봉안하고자 2층으로 각황전(覺皇殿)을 건립하였으나 100여 년 만에 기울어지자 1821년(순조 21)에 1층으로 고쳐 세워 영산

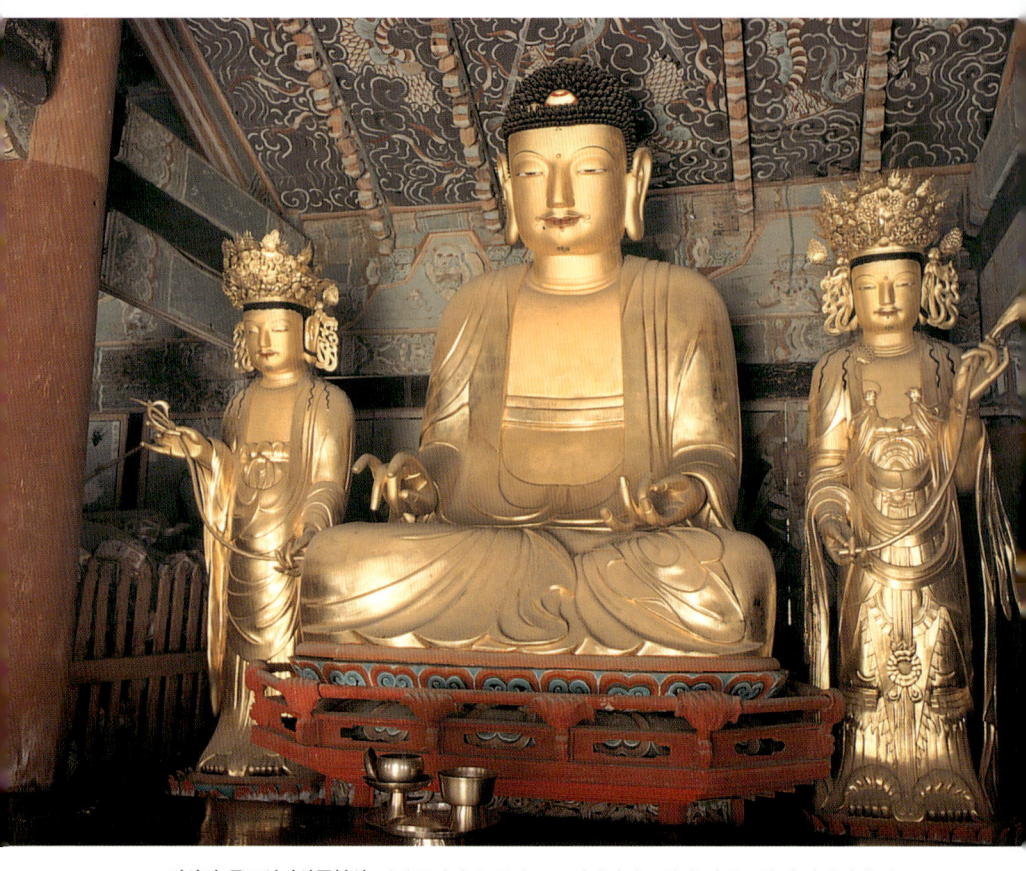

영산전 목조석가삼존불상 석가불좌상을 중심으로 제화갈라보살과 미륵보살이 배치되어 있다. 석가불좌상은 엄지와 중지를 맞댄 오른손과 왼손이 결가부좌한 다리 부근에 위치한 손모양이라든가 좁은 어깨의 방형 체구, 가슴을 수평으로 가로지르는 군의, 편평한 얼굴과 가슴, 둥근 머리 모양 등 도식적인 19세기 불상의 특징을 나타내고 있다.

전이라 하고 석가여래를 주존으로 갈라보살과 미륵보살을 보처로 안치하였다고 한다.

석가불좌상은 엄지와 중지를 맞댄 오른손과 왼손이 결가부좌한 다리 부근에 위치한 손모양이라든가 좁은 어깨의 방형 체구, 가슴을 수평으로 가로지르는 군의, 편평한 얼굴과 가슴, 둥근 머리 모양 등 도식적인

19세기 불상의 특징을 나타내고 있다. 보관을 쓴 제화갈라보살과 미륵보살은 연봉오리의 줄기를 들고 있다.

이 목조석가삼존불상의 좌우로 8존자씩 목조16나한상이 배열되어 있다. 나한상 역시 1821년 작으로 79~85센티미터의 높이의 목조상에 채색되었다.

명부전

저승의 유명계(幽冥界)를 표상하는 전각으로 원래는 지장신앙에 근거해 지장보살을 모셔 놓은 지장전과 유명계의 심판관인 시왕(十王)을 모시는 시왕전으로 독립되어 존속하다가 두 가지 전각이 결합되어 고려 말 조선 초에 형성된 전각이다.

선운사의 경우에는 성종 12년(1481)에 지장전이 건립되었다가 정유재란으로 소실된 이후 1618년에 다시 창건하였다는 기록이 있으며, 효종 8년(1657)에 시왕전이 건립되었다는 기록이 남아 있어 그 이후 어느 때엔가 명부전으로 통합되었음을 알 수 있다. 현재 명부전은 영산전 왼쪽에 직교하여 위치하고 있다.

공포는 초익공 형식을 사용하였는데 연봉이 달린 쇠서나 봉황두 형태의 초각 등에서 조선 후기의 장식적 경향을 볼 수 있다.

전면 5칸, 측면 3칸으로 되어 있으며, 전면의 중앙 3칸에는 분합문을 설치하였다. 양쪽 협칸에는 상단은 띠살 형태의 창, 하단은 판장문 형태로 마감되어 있는데 모두 가로로 누워 있고 일반적으로 사용하는 기법이 아니어서 변형되어 있음을 알 수 있다. 그리고 측면과 후면은 역시 상단은 전통적인 심벽으로 처리하고 하단은 판장벽으로 처리하여 대웅보전, 영산전 건물과 동일한 벽체 처리 방법을 보여 주고 있다.

불단은 전면과 측면의 벽체에 붙여 'ㄷ'자 형태로 구성하여 지장보살과 명부시왕을 모셨다. 천장은 노출천장을 사용하였는데 재미있는 것은 지장보살이 봉안된 상단의 처리이다. 다른 곳과는 달리 이곳에만 빗천장을 설치하고 운룡문을 그려 닫집을 대신하게 하는 매우 간략화된 기법을 사용하였다.

목조지장보살좌상과 시왕상 및 권속

지장보살은 죽은 후의 고통, 즉 육도윤회(六道輪廻)나 지옥에 떨어지는 것을 구제해 주는 보살이다. 그 결과 육도의 윤회를 심판하는 명부의 구세주로 등장했다. 이러한 지장보살상과 함께 불교적 명부신앙의 핵심을 이루고 있는 시왕상이 좌우 각 5왕씩 대칭적으로 배열되어 있다. 이 10명의 왕은 지옥에서 죽은 자의 죄업을 심판하는 왕들이다. 사람들은 죽은 후에 명부로 가는 도중에 차례로 10명의 왕 앞을 지나며 재판을 받는다고 한다.

대좌에 앉아 있는 승려 모습의 지장보살상은 한 손은 들고 다른 한 손은 무릎에 두어, 엄지와 중지를 맞댄 손모양이다. 평판적인 방형 체구에 상체가 긴 편이며, 고개 숙인 자세가 특징이다. 1676년 작, 높이 138센티미터, 무릎폭 100센티미터. 이 지장보살 옆의 도명존자(道明尊者)와 원유관(遠遊冠)을 쓴 무독귀왕(無毒鬼王)이 시립한 지장삼존상의 좌우에는 시왕상, 판관상, 사자상, 인왕상이 배열되어 있다.

목조시왕상은 1676년 작, 높이 180~200센티미터로 의자에 앉아 무릎 위에 명부(名簿)를 펼쳐 놓고 손에는 필기도구를 쥐고 망자를 심판하는 모습으로 표현되어 있다. 오른쪽(向左)에는 제2초강대왕 · 제4오관대왕 · 제6변성대왕 · 제8평등대왕 · 제10오도전륜대왕 등 짝수왕의 상이, 왼쪽(向右)에는 제1진광대왕 · 제3송제대왕 · 제5염라대왕 · 제7태산대왕 · 제9도시대왕 등 홀수왕의 상이 배열된다. 이 왕들 사이에는

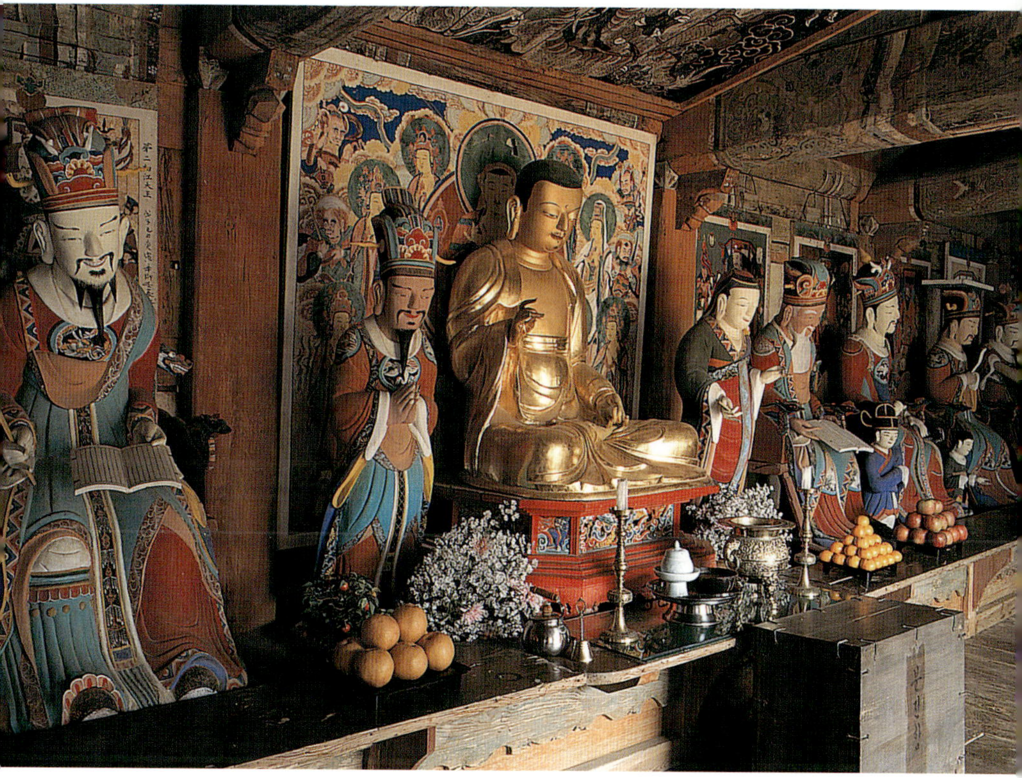

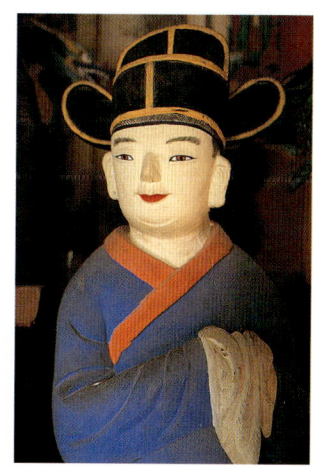

명부전 내부 지장보살과 명부시왕을 모셨는데,
명부시왕 사이에는 동자상(오른쪽 사진)이 1구
씩 놓여 있다. 천장은 노출천장을 사용하였는데
재미있는 것은 지장보살이 봉안된 상단에 운룡
문을 그려 닫집을 대신하게 하였다.

동자상이 1구씩 놓여 있다.

판관(判官)은 시왕의 재판을 보조하는 인물로, 검은 복두(幞頭)를 쓴 하급관리의 형태로 표현된다. 사자(使者)는 전령의 모습으로 머리에는 후두(後頭)에 양각(兩角)이 높게 꽂힌 익선관(翼善冠) 같은 것을 쓰고, 손에는 창을 들고 있다. 문 입구 양쪽에는 무시무시한 인왕상이 한 손은 허리에 짚고, 한 손은 올려 주먹을 쥐고 내리치는 자세를 취하고 있어, 지옥의 분위기를 살리고 있다.

지장보살도와 시왕도 및 권속

지장보살좌상 뒤에 봉안된 지장보살도 좌우로 시왕도가 배열되었다. 1939년에 조성된 시왕도 중 일부는 19세기 작으로 추정된다. 이밖에 직부사자와 감제사자 등 모두 13탱이 모셔져 있다.

지장보살도 1937년 작. 세로 192센티미터, 가로 211.5센티미터. 화면 중앙의 지장보살좌상 좌우로 도명존자와 무독귀왕, 6보살, 4구의 신장이 둘러선 구도이다. 원형 두광과 신광을 지니고 연화대좌에 앉은 지장보살은 오른손에 석장(錫杖)을 들었다. 적색과 녹색 위주로 안료를 엷게 칠했으나 거친 붓질 자국이 나 있으며, 하늘에 특유한 청색을 사용한 것 등은 전통적인 불화의 채색법과는 구별된다.

시왕도 제1·3·4·5·7대왕은 1939년 작이고, 제2·6·8·9·10대왕, 직부사자, 감제사자 등은 19세기 작이다. 기묘(己卯)년에 제작된 시왕도의 화사인 봉영(琫榮)은 관하 종인과 함께 1900~1901년에 걸쳐 팔상전과 참당암 불화 제작에 참여했기 때문에 기묘년은 1939년에 해당된다.

19세기에 조성된 시왕도는 밝은 갈색의 바탕색에 적색과 녹색을 적절하게 사용했으나 1939년 작 시왕도는 탁한 녹색의 배경색에, 적색과 녹색, 청색 등의 원색을 남용한 색채 감각에서 19세기 불화와 20세기

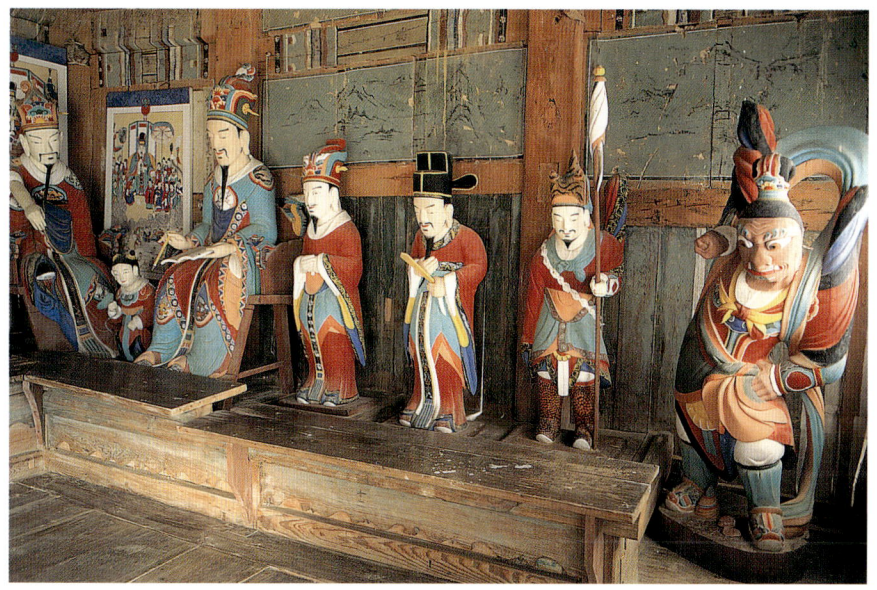

명부전의 판관과 사자, 인왕상 지장보살과 명부시왕을 보좌하는 권속들이다. 판관은 시왕의 재판을 보조하는 인물로 검은 복두를 쓰고 있으며, 사자는 익선관 같은 것을 쓰고 손에는 창을 들고 있다. 문 입구 양쪽에는 무시무시한 모습의 인왕상이 버티고 서 있다.

불화가 크게 구별된다.

　각 시왕도에는 대왕의 이름을 적고 그가 관할하는 지옥의 명칭을 표기하였다. 시왕도의 상단에는 의자에 앉은 시왕이 판관 또는 동자 등의 여러 권속들을 거느리고 망자를 심판하는 광경이, 하단에는 망자가 각자의 죄업에 따라 지옥에서 벌을 받는 장면이 묘사되어 있다. 이러한 시왕도 가운데 염라대왕은 천자가 쓰는 면류관을 쓰고 있으며 오도전륜대왕은 다른 왕들과는 달리 갑옷을 입고 투구를 쓴 무장(武將)의 모습이다.

팔상전

석가모니의 전생에서부터 열반에 이르기까지의 일대기를 여덟 장면으로 표현한 불화를 봉안하여 석가여래에 대한 신앙을 상징하는 곳이다. 기록에는 1706년에 창건되었고 1965년에 크게 수리하였다고 하며, 조선 후기의 양식적 특징을 지니고 있다.

현재 팔상전은 영산전과 명부전 사이로 난 계단을 오르면 영산전의 뒤편에 다시 한 단 높이 기단을 쌓은 곳에 위치하고 있으며 팔상전과 산신각이 나란히 배치되어 있다. 팔상전은 정면 3칸, 측면 2칸 규모의 건물로 이익공 형식의 건물이다.

불단은 'ㄷ' 자형으로 간략하지만 닫집은 2개의 기둥을 세우고 천룡 조각을 한 화려한 형식이다. 불단의 중앙에는 조성 연대가 오래지 않은 금동석가불좌상이 봉안되어 있으며 후면벽에는 1901년 제작된 후불탱이 걸려 있다. 그리고 좌우측의 후면 협칸벽과 좌우측 벽면에 팔상도를 대칭되게 배열하여 봉안하였다.

금동석가불좌상

20세기에 만들어진 석가불좌상의 손모양은 오른손을 무릎 아래쪽으로 향한 항마촉지인으로서, 석가불이 부처가 된 후 지신(地神)을 가리키면서 자신의 깨달음을 증명하라고 했을 때 지은 손모양이다. 높이 75.5센티미터, 무릎폭 59센티미터.

팔상전의 불화

석가불좌상 뒤에 봉안된 1901년 작 아미타후불탱화 좌우로 4폭씩 배치된 8폭의 팔상도 중, 제3사문유관상과 제4유성출가상은 1901년 작이나 나머지 6폭의 팔상도는 1992년 작이다.

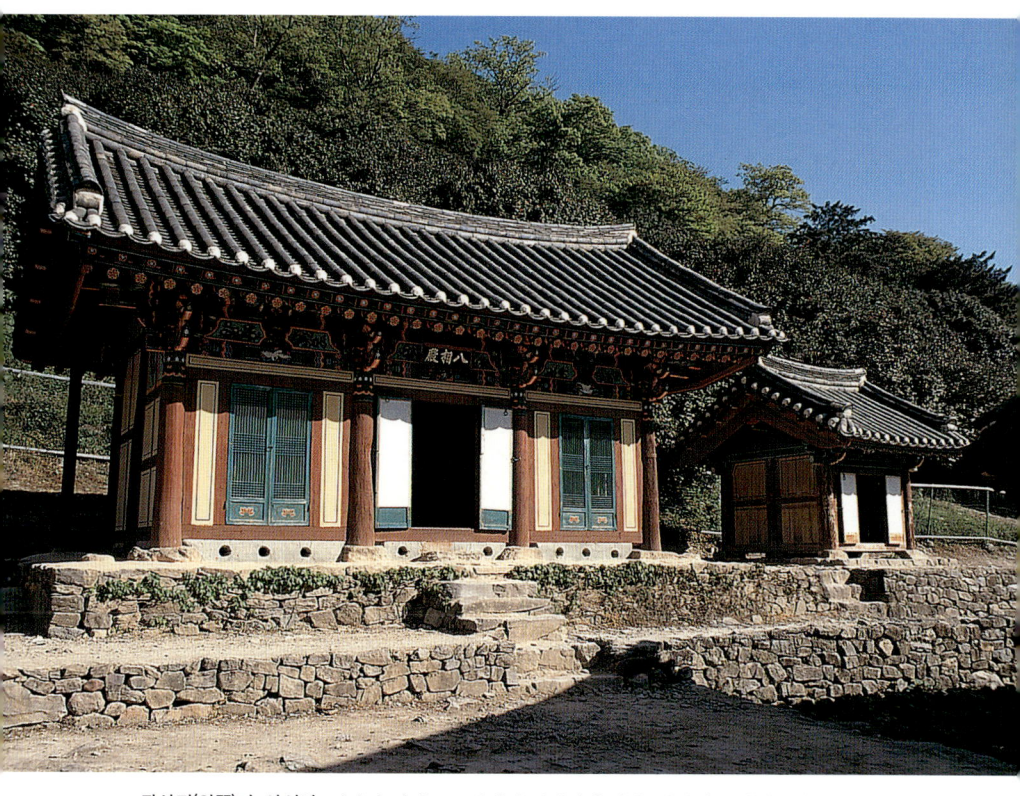

팔상전(왼쪽)과 산신각 영산전 뒤편으로 나란히 배치되어 있다. 팔상전은 석가모니의 일생을 여덟 장면으로 표현한 팔상도를 봉안하여 석가여래에 대한 신앙을 상징하는 곳이다.

　관하 종인 등이 그린 팔상전의 아미타후불탱화와 팔상도는 색감이 떨어지는 화공물감의 남용과 화원의 자질로 인해, 적색과 녹색 위주로 황색 · 청색 · 백색 · 흑색 등 원색의 부조화가 뚜렷하다.

　아미타후불탱화　　1901년(광무 5) 작. 비단에 채색. 세로 172센티미터, 가로 181센티미터. 팔상전의 석가불좌상 뒤에 봉안된 후불탱화로 관하 종인 등이 제작했으며, 밑그림〔草〕은 상오(尙旿)와 천일(天日)이 그렸다. 화면 중앙의 주존불 주위로 6보살, 십대제자(十大弟子), 사천왕, 천중(天衆)이 둘러선 군도(群圖) 형식의 구도이다. 주존불 좌상은

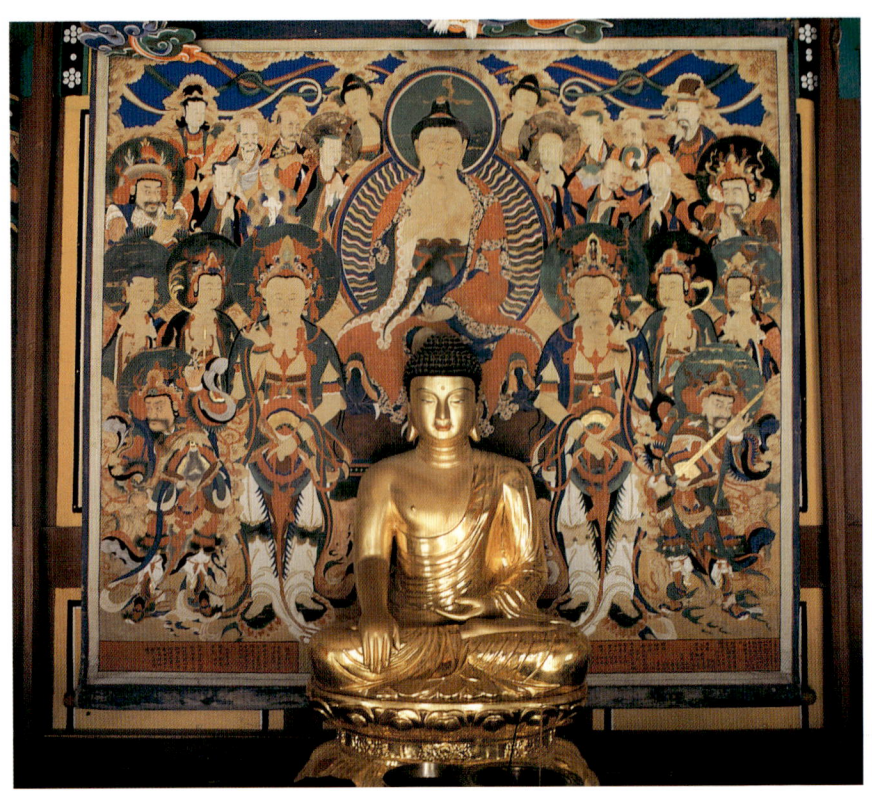

팔상전 금동석가불좌상과 아미타후불탱

엄지와 중지를 맞댄 아미타불의 손모양을 하고 있으며, 좌우 협시보살
은 보관에 각기 화불과 정병을 모시고 있다. 따라서 아미타불좌상을 중
심으로 관음보살과 대세지보살이 시립한 삼존불에 지장보살이 등장한
이 불화는 아미타불화로, 원래 팔상전의 후불탱화는 영산회상도가 모
셔져야 한다.

　　팔상도　　　8폭의 팔상도는 관하 종인 등이 1901년에 조성한 것과

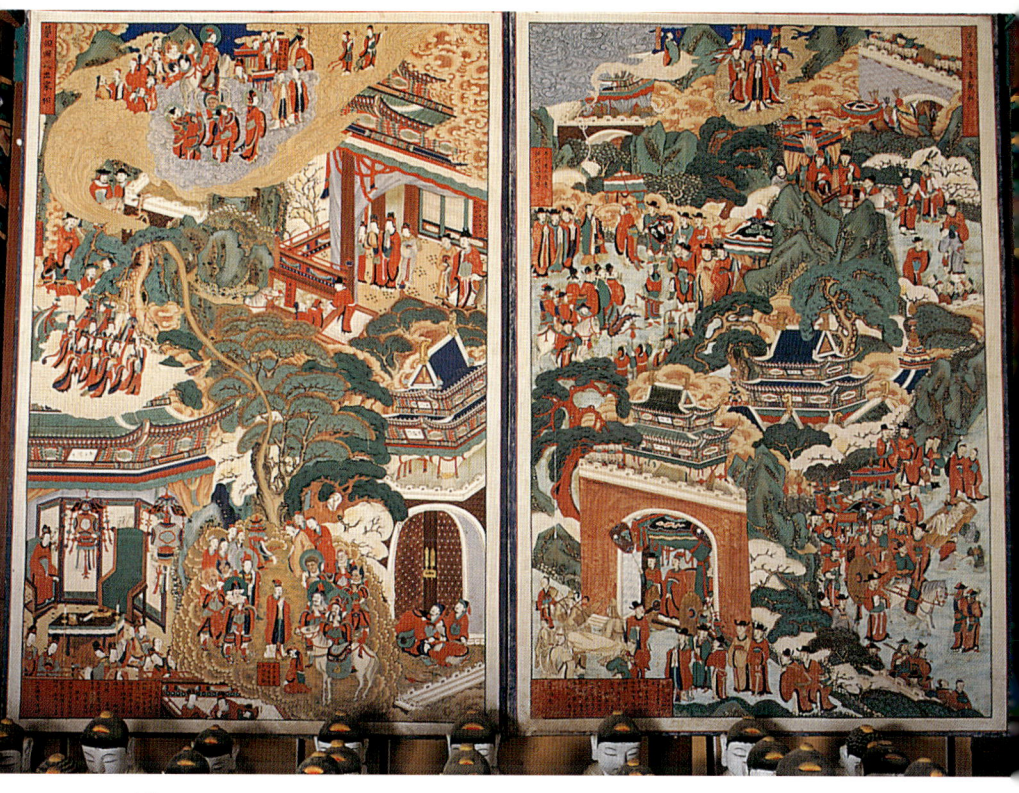

팔상도 팔상도 여덟 장면 가운데 제3, 4장면이다. 화공물감의 남용과 화원의 자질로 인해 원색의 부조화가 뚜렷하다.

그 이후에 조성된 불화가 있다. 세로 145센티미터, 가로 97.5센티미터. 팔상도는 부처님의 생애를 여덟 장면으로 요약해서 8폭에 나누어 그린 그림이다.

　제1도솔래의상(兜率來儀相)은 호명보살(護明菩薩)이 도솔천궁(兜率天宮)에서 흰 코끼리를 타고 내려와 석가모니의 어머니인 마야부인의 몸에 입태(入胎)하는 장면을 묘사한 것이다.

제2비람강생상(毘藍降生相)은 마야부인이 룸비니동산에서 태자를 낳는 장면이다. 마야부인이 아이를 낳기 위해 친정으로 가던 중, 룸비니동산에 이르렀을 때 태기가 있어 무수나뭇가지를 붙잡고 오른쪽 겨드랑이에서 태자를 생산하는 장면과 막 출생한 태자가 오른손으로는 땅, 왼손으로는 하늘을 가리키며 '천상천하유아독존(天上天下唯我獨尊)'이라고 외치는 모습, 그리고 9마리의 용왕이 태자의 몸을 씻겨 주는 장면 등이다.

제3사문유관상(四門遊觀相)은 성장한 태자가 성밖의 사문(四門)으로 나가서 인간의 생로병사의 모습을 보고 출가를 결심한다. 동문에서는 노인을 만나 늙음의 무상함을 깨우치고, 남문에서는 병자를, 서문에서는 사자(死者)를, 북문에서는 사문(沙門)을 만나 출가를 결심한다.

제4유성출가상(踰城出家相)은 태자가 성을 넘어 출가하는 장면을 묘사한 것이다. 말을 타고 성을 뛰어넘는데, 성에는 시녀들이 잠들어 있다. 마부인 차익이 돌아와서 왕·왕비·태자비에게 태자의 출가를 고하는 장면도 보인다.

제5설산수도상(雪山修道相)은 태자가 출가한 후 10년 동안 설산에서 수도하는 장면이다.

제6수하항마상(樹下降魔相)은 태자가 보리수 아래에서 마왕(魔王) 파순(波旬)이 이끄는 마귀의 공격을 막고 항복받는 장면이다.

제7녹원전법륜상(鹿園轉法輪相)은 깨달음을 얻은 세존이 녹야원에서 최초로 설법하고 모든 중생을 제도하는 장면이다.

제8쌍림열반상(雙林涅槃相)은 부처님이 45년간의 중생교화를 마치시고 사라쌍수 아래에서 열반에 드시는 장면이다. 가섭 등 제자들이 부처님의 시신을 둘러싸고 슬퍼하며, 시신을 다비하여 수많은 사리가 비오듯이 쏟아지자 여덟 왕이 사리를 나누기 위해 의논하고 있다.

산신각

산신각(山神閣)은 한국 불교의 역사적 전개 과정에서 발생한 매우 독특한 신앙형태의 산물이다. 원래 불교의 교리에는 존재하지 않는 전각으로 불교가 수용되기 이전의 토착신앙을 사찰에서 받아들이면서 형성되었다. 영산전 뒤편에 길게 설치된 기단 위 팔상전의 옆에 위치하고 있는 정면 1칸, 측면 2칸의 매우 작은 규모의 건물로 익공계 맞배지붕 형식이다. 이 산신각에는 다른 산신각과 달리 내부에 선운사의 창건주인 검단선사와 참당사의 창건주인 의운스님을 함께 그린 진영(1915년 작)이 모셔져 있어 특이한데, 그 두 스님 사이에 호랑이가 그려져 있어 산신신앙과 결합된 조사신앙의 한 단면을 볼 수 있다.

관음전

관세음보살(觀世音菩薩)을 주존으로 모신 전각으로, 관세음보살의 대자대비를 기원하는 관음신앙이 성행하면서 많이 건립되었다. 이러한 관세음보살을 모신 전각이 주불전의 기능을 수행할 경우에는 원통전(圓通殿)이라고 불리우기도 하지만, 현재 관음전에는 금동지장보살좌상이 모셔져 있어 전각 명칭과 모셔진 불상이 일치하지 않고 있다.

관음전은 대웅보전의 동쪽에 위치하고 있는데, 대웅보전과 영산전 사이의 요사채를 관음전으로 사용하다가 이를 허물고 1990년 지금의 자리에 신축하였다. 그러나 선운사 사적기에 1474년에도 관음전을 완공하였다는 기록이 있고, 그후 정유재란으로 폐허가 된 이후의 중창 공역시 1705년에 관음전을 창건하였다는 기록이 있는 것으로 보아 예부터 사찰의 부속 전각으로 존속하고 있었으나 소실되었음을 알 수 있다.

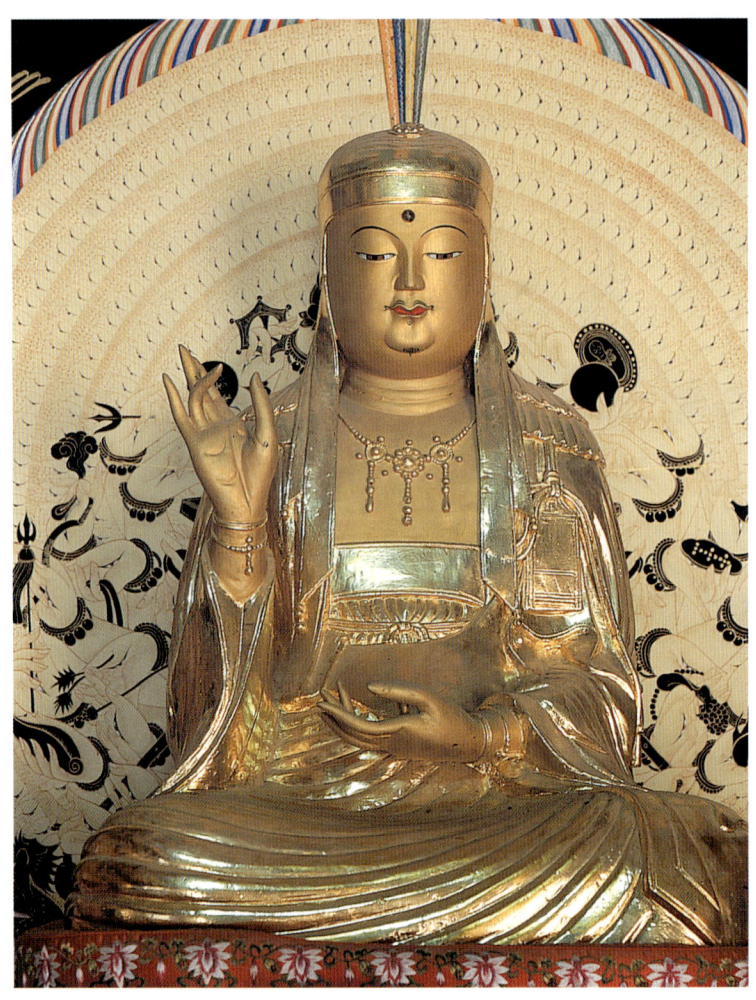

관음전 금동지장보살좌상 대좌와 광배는 남아 있지 않지만 머리에는 모자 같은 두건을 쓰고 있으며, 이마에 두른 두건의 좁은 띠가 귀를 덮으면서 흘러내리고 있다. 이러한 두건을 쓴 지장보살의 모습은 고려시대에 널리 유행하였다. 뒤에는 십일면천수천안관음보살도가 봉안되어 있다.

현존 관음전은 정면 3칸, 측면 3칸 건물로 칸사이가 좁은 작은 규모이다. 공포는 이익공 형식으로 쇠서에 연화를 달고 보머리 앞에 봉황두를 두는 등 매우 장식화된 경향을 보여 준다. 내부는 노출시키지 않고 가운데 부분은 평반자를, 전후면의 퇴칸에는 빗반자를 두었는데 중앙의 우물반자는 2줄로 두어 연화문으로 장식하였다. 빗반자에는 화문을 두고 대들보는 좌우측에 각각 청룡과 황룡을 단청으로 그려 장식하고 있다.

조선 초기 금동지장보살좌상

15세기 작. 보물 제279호. 높이 100센티미터. 동에 도금.

대좌와 광배는 남아 있지 않지만 머리에는 모자 같은 두건(頭巾)을 쓰고 있으며, 이마에 두른 두건의 좁은 띠가 귀를 덮으면서 흘러내리고 있다. 이러한 두건을 쓴 지장보살의 모습은 고려시대에 널리 유행하였던 도상적 특징으로, 현존하는 많은 고려불화에서 그 예를 볼 수 있다.

근래에 개금(改金)된 이 보살상의 얼굴은 비만하면서 평판적인데, 눈·코·입 등이 얼굴 가운데로 몰려 있지만 생기가 없다. 굵게 주름진 삼도(三道)가 표현된 목은 짧은 편이며, 무릎 높이가 낮아져 빈약해 보이는 하체는 상체에 비하여 다소 불안정하다. 불의(佛衣)와 같은 형식의 옷을 입은 이 보살상의 어깨에서 끈으로 매듭지어진 독특한 치레장식은 고승(高僧)의 영정이나 불·보살상에도 나타나는 것이지만 특히 지장보살상의 착의법(着衣法)이라고 하겠다. 몸의 굴곡이 드러나지 않는 굵은 옷주름선은 규칙적으로 접혀져 부자연스러우며, 겉옷 안에는 촘촘하게 주름을 잡은 치마를 가슴 위로 치켜 올린 후, 가슴 아래를 농여 맨 치마 끈이 단정하다.

손모양은 오른손을 가슴 앞으로 들어 엄지와 중지를 맞댈 듯 굽혔고, 왼손은 가슴 아래에서 옆으로 들어 엄지와 중지를 약간 구부렸다. 결가부좌(結跏趺坐)한 두 다리는 옷에 덮여 보이지 않는다.

이 지장보살상은 도솔암에 봉안된 14세기의 금동지장보살좌상(본문 111쪽 참조)과 목걸이 장식, 밋밋한 가슴 표현 등에서 서로 닮았지만 신체비례에 비하여 머리가 유난히 큰 점이라든가 이중턱, 짧은 목, 빈약한 하체, 간략화된 장식, 형식적인 옷주름 등은 고려시대 보살상의 양식에서 벗어난 것으로, 15세기 보살상의 양식을 반영하고 있다. 도솔암의 금동지장보살좌상과 함께 그 예가 드문 15세기 금동지장보살좌상의 하나로, 조선시대 지장신앙의 한 면을 보여 주는 귀중한 보살상이다.

십일면천수천안관음보살도

20세기 작. 금동지장보살좌상 뒤에 봉안되어 있다. 십일면천수천안관음보살은 보관에 화불과 함께 10면의 불두(佛頭)를 표현하였다. 팔은 모두 40개로, 가슴 앞으로 든 두 손을 제외하고는 석장(錫杖), 영지(靈芝), 일상(日像), 화불, 금강저, 연화, 도끼, 정병, 검, 염주, 금강령(金剛鈴), 보탑(寶塔), 법륜(法輪), 월상(月像), 경협, 보당 등의 다양한 지물(持物)을 들었다.

「법화경」에서 유래하는 십일면관음보살은 구제자로서 중생을 적절하게 제도한다. 천수천안관음보살은 천개의 손과 천개의 눈을 가진 보살로, 일반적으로 18손이나 40손을 표현한다. 여러 겹의 원형 두광에는 무수한 눈을 그렸으며, 검은 바탕색에 갈색, 감색의 매우 단순한 색채 구성 등 구도·형태·채색 등에서 전통적인 불화와는 차이가 난다.

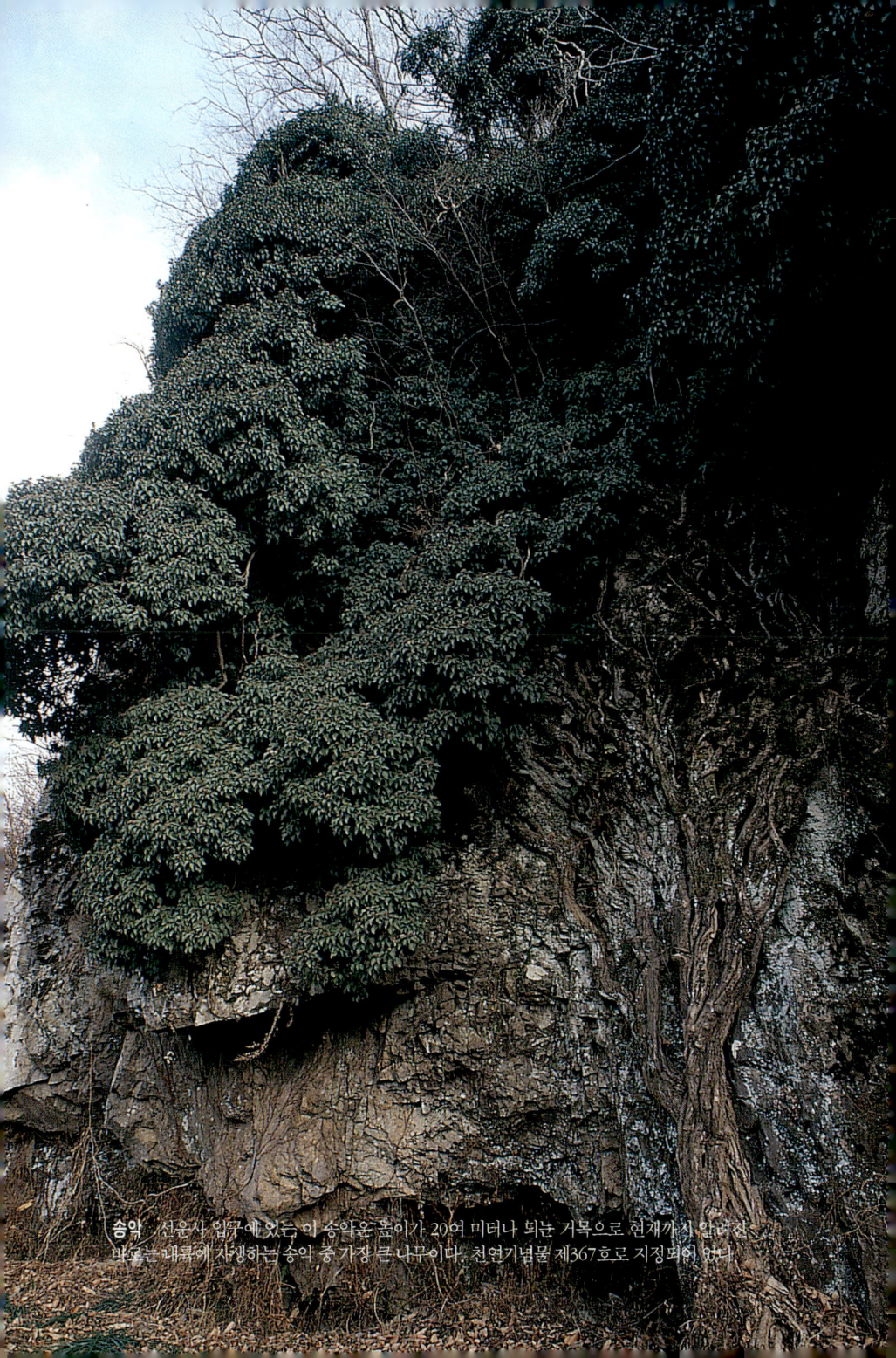

송악 선운사 입구에 있는 이 송악은 높이가 20여 미터나 되는 거목으로 현재까지 알려진 바로는 내륙에 자생하는 송악 중 가장 큰 나무이다. 천연기념물 제367호로 지정되어 있다.

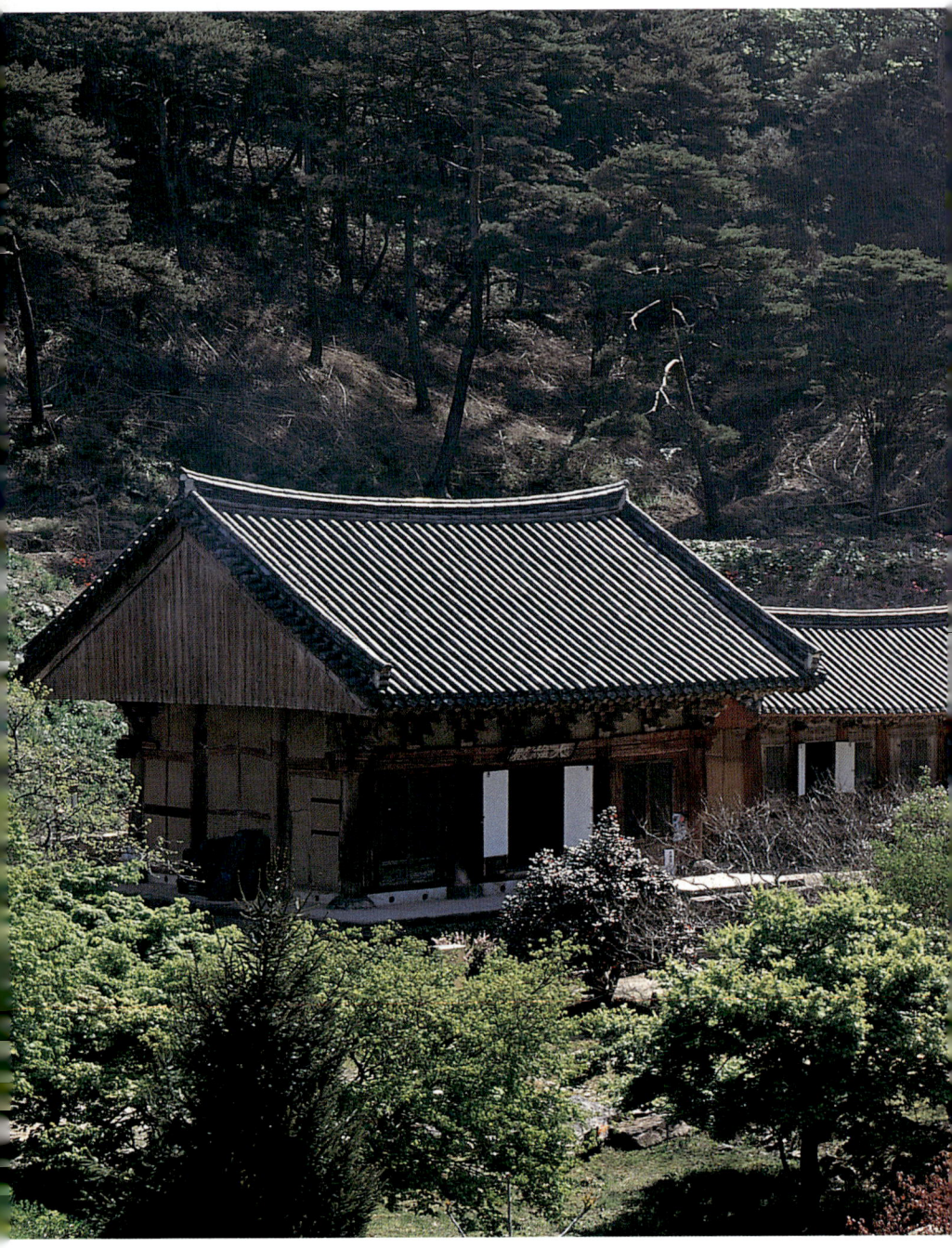

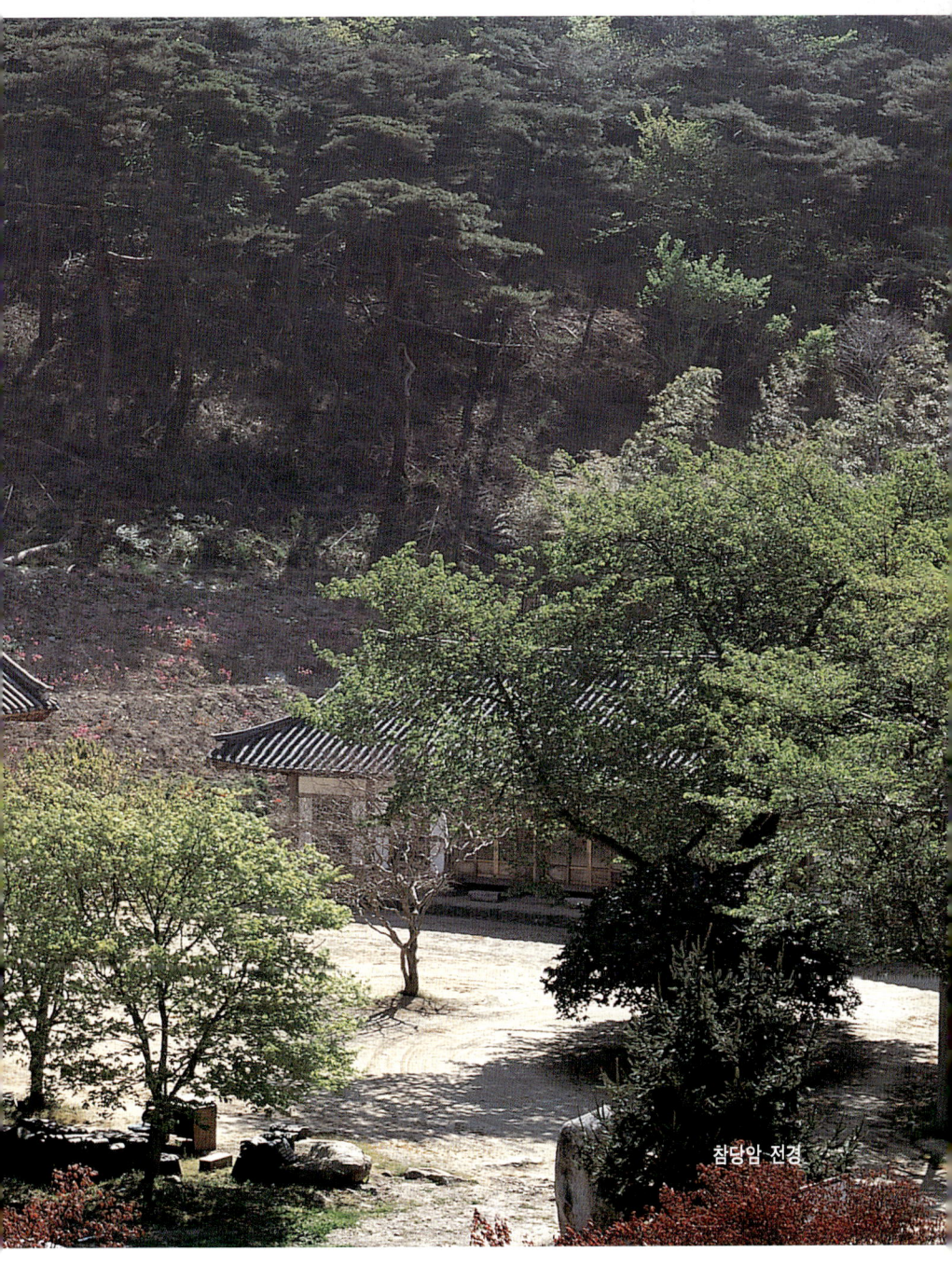

참당암 전경

소속 암자와 주요 건축물

　선운산에는 89개의 암자와 24개의 수도굴, 그리고 189개에 이르는 요사가 자리하고 있었다는 기록이 있어 가히 불국토를 이루고 있었을 것으로 추정되나, 현재까지 남아 있는 주요 부속 암자로는 도솔암(兜率庵), 참당암(懺堂庵), 석상암(石床庵), 동운암(東雲庵) 등만이 있어 과거의 흔적을 찾기 힘든 형편이다.

　아래는 『도솔산선운사창수승적기』의 「전각요사창건년대방명열목」에 기록된 주요 암자를 창건 및 중건 연대순으로 정리한 것이다.

　　상도솔(上兜率) ― 신라시대 창건/당 정관 연간(627~649년) 중창/
　　　　　　　　　　 1511년 삼중창/1694년 사중창
　　광정암(廣井庵) ― 신라시대 창건/1466년 중창
　　수다사(水多寺) ― 신라시대 창건/1469년 중창
　　청풍암(淸風庵) ― 신라시대 창건/1507년 중창
　　연대암(蓮臺庵) ― 신라시대 창건/1510년 중창
　　천등암(千燈庵) ― 신라시대 창건/1511년(?) 중창
　　도성암(道成庵) ― 신라시대 창건/1568년 중창

동　　암(東　庵)－신라시대 창건/1578년 중창

수선암(修善庵)－신라시대 창건/1596년 중건

기출암(起出庵)－신라시대 창건/1628년 성전(聖殿) 및 불상 단청

천리암(泉利庵)－신라시대 창건/1649년 중창

석상암(石床庵)－창건년대 미상/1665년 개중창(改重創)

은선암(隱仙庵)－창건년대 미상/1573년 중창

의경암(義敬庵)－창건년대 미상/1575년 중창

은적암(隱寂庵)－창건년대 미상/1576년 중창

상　　암(上　庵)－창건년대 미상/1582년 중창

월출암(月出庵)－창건년대 미상/1583년 중창

동운암(東雲庵)－창건년대 미상/1693년 원당(願堂) 조성/
　　　　　　　　1706년 조실(祖室) 및 누각 건립

명심암(明深庵)－창건년대 미상/1710년 「석씨원류」 판각

청련암(靑蓮庵)－창건년대 미상/1713년 중창

수도암(修道庵)－창건년대 미상

고암굴(高巖窟)－1596년 창건

내원암(內院庵)－1618년 창건

하도솔(下兜率)－1658년 창건/1669년 개중건

청련암(靑蓮庵)－1666년 창건

백련암(白蓮庵)－1671년 창건

상남암(上南庵)－1672년 창건

중남암(中南庵)－1677년 창건

북도솔(北兜率)－1703년 창건

백운암(白雲庵)－1707년 창건

성도암(成道庵)－1713년 창건

기타 기록에 이름만 보이는 사암 및 수도굴은 다음과 같은 것이 있다.

삼성굴(三聖窟) 천주굴(天柱窟) 법화굴(法華窟) 나한굴(羅漢窟) 수행굴(修行窟)
반야굴(般若窟) 열석굴(裂石窟) 용화굴(龍華窟) 수굴암(水窟庵) 천상굴(天上窟)
백운굴(白雲窟) 좌변굴(左邊窟) 법왕사(法王寺) 백암사(栢巖寺) 봉두암(鳳頭庵)
삼천굴(三千窟) 금강굴(金剛窟) 원통굴(圓通窟) 원적암(圓寂庵) 다정암(茶井庵)

참당암

선운사 앞길을 지나 계곡을 거슬러 올라가다가 우측으로 꺾어져 도
솔암으로 향하는 길을 걷다 보면 우측으로 올라가는 길이 나오고, 그곳
에서 조금을 거슬러 올라가면 작은 암자가 나타나는데 그곳이 바로 참
당암이다. 참당암의 입지에 대해서는 "남쪽에 천왕봉(天王峰)이 안산
(案山)이 되어 있고 서쪽에 국사봉(國師峰)이 둘러 있는 가운데 대참사
(大懺寺)가 세워져 있다"는 기록이 남아 있다.

이렇게 봉우리로 둘러싸인 서남향의 지형에 자리하고 있는 참당암은
현재는 비록 건물도 많이 남아 있지 않고 선운사의 부속 암자로 되어 있
으나 『참당사사적기』 등의 기록을 볼 때 참당사(懺堂寺) 또는 대참사(大
懺寺)로 불리우면서 오히려 지금의 선운사 못지 않은 사세를 유지하여
고려 말까지 존속하였으며, 조선 초기 세력이 축소되면서 선운사에 그
권위를 물려주고 선운사의 소속 암자로 남게 된 것으로 보인다. 현재는
선원(禪院)으로 사용되고 있는데, 과거의 역사를 반영하듯 참당암에는
작지만 매우 훌륭한 기법으로 지어진 건물들이 남아 있어 지난날의 사
세를 짐작하게 한다.

현재 남아 있는 주요한 건물로는 보물 제803호로 지정되어 있는 대웅

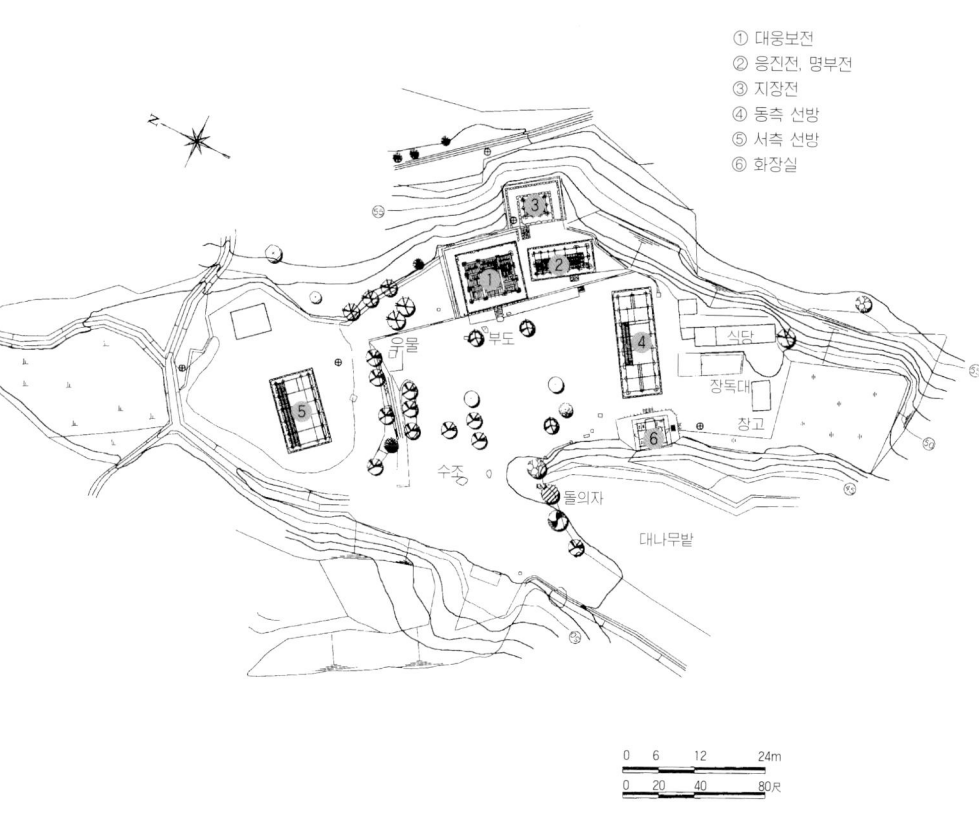

① 대웅보전
② 응진전, 명부전
③ 지장전
④ 동측 선방
⑤ 서측 선방
⑥ 화장실

N

우물   부도   식당

장독대

장고

수중

돌의자

대나무밭

| 0 | 6 | 12 | 24m |
| 0 | 20 | 40 | 80尺 |

찬당안 배치도(문화재청, 『선운사 찬당안 대웅전 정밀실측조사보고서』, 1999, 241쪽)

전 건물과 그 옆에 나란히 놓여 있는 응진전 겸 명부전, 그리고 그 뒤편으로 한 단 높게 위치하고 있는 지장전 건물을 들 수 있으며, 마당의 좌우측으로 근세에 건립한 선방이 자리하고 있는데 좌측의 것은 지형에 맞추어 한 단 높은 위치에서 조금 뒤로 물려 자리하고 있다.

참당암에 건물이 많이 남아 있지 않아 절의 배치를 언급하기는 어려우나 이 역시 선운사와 마찬가지로 주불전에 평행하게 응진전 겸 명부전의 부불전을 배치하는 방식을 취하고 있어서 평활함을 특성으로 하는 백제계 양식의 특징을 보여 준다. 한편 참당암의 건물에 대한 기록은 「도솔산대참사고사」에 다음과 같은 내용의 글이 남아 있다.

대참사에는 동에 승당(僧堂)이 있고 서에 미륵전이 있어 여기에 사문들이 모여서 경을 설하며, 위에 약사전이 있고 아래에 명부전이 있는데 여기에 서역금인에게서 받은 불진상(佛眞像)을 봉안하였다.

'위에 약사전', '아래에 명부전'은 지금의 배치와 일치하는 것으로 현재 절 마당 좌측의 한 단 높은 곳에 위치한 선방 자리에 미륵전이 위치하고 있었음을 알 수 있다.

참당암 대웅전

전면 3칸, 측면 3칸의 규모로 작지만 튼실하며 보물 제803호로 지정되어 있다. 건물은 다포계 맞배집으로 부재의 치목(治木) 등 여러 가지 기법에서 선운사 대웅보전보다 더 오래된 기법을 간직하고 있어 건축사에서 매우 중요한 건물 중 하나이다.

백제 말 시창 이후 대웅전이 여러 차례 폐허가 되었다는 기록과 1329년 중창하였다는 기록이 있다. 또한 1982년 번와 공사 때 「무장현도솔산참당사법당중창상량문」이 발견되어 1753년에도 중창이 있었음을 알

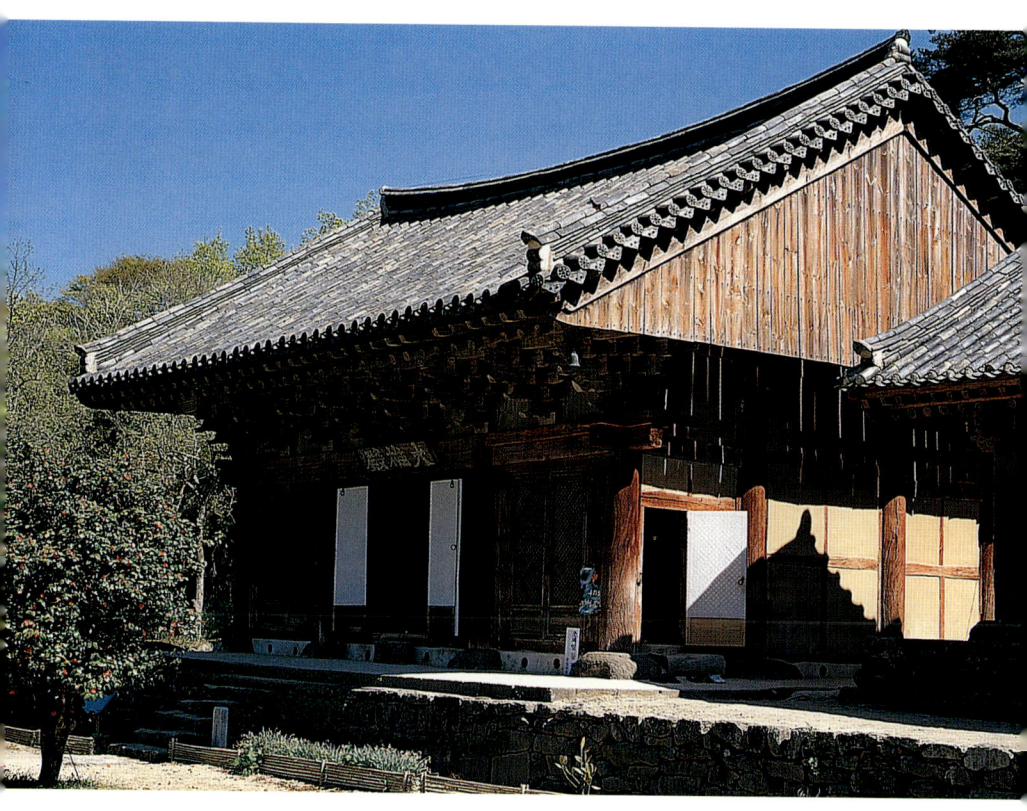

참당암 대웅전 다포계 맞배집으로 부재의 치목 등 여러 기법에서 선운사 대웅보전보다 더 오래된 기법을 간직하고 있다. 오른쪽으로는 응진전 겸 명부전이 자리하고 있다.

수 있는데, 그 기록에 의하면 장인을 불러 공사를 할 때 되도록 옛 재목을 버리지 않도록 하였다고 되어 있어 중수를 하면서 기존의 부재를 그대로 활용하여 이렇게 고식의 기법이 많이 남게 되었음을 알 수 있다.

　이러한 고식 기법은 주로 후면에 집중되어 있는데 무엇보다도 먼저 공포의 형상에서 그러한 모습을 찾아볼 수 있다. 우선 다른 다포계 건물의 공포와 비교해 보면 무엇인가가 매우 낯설게 느껴질 터인데 그것은 조선시대 건물에서는 볼 수 없고 고려시대의 건물에서 볼 수 있는 기법

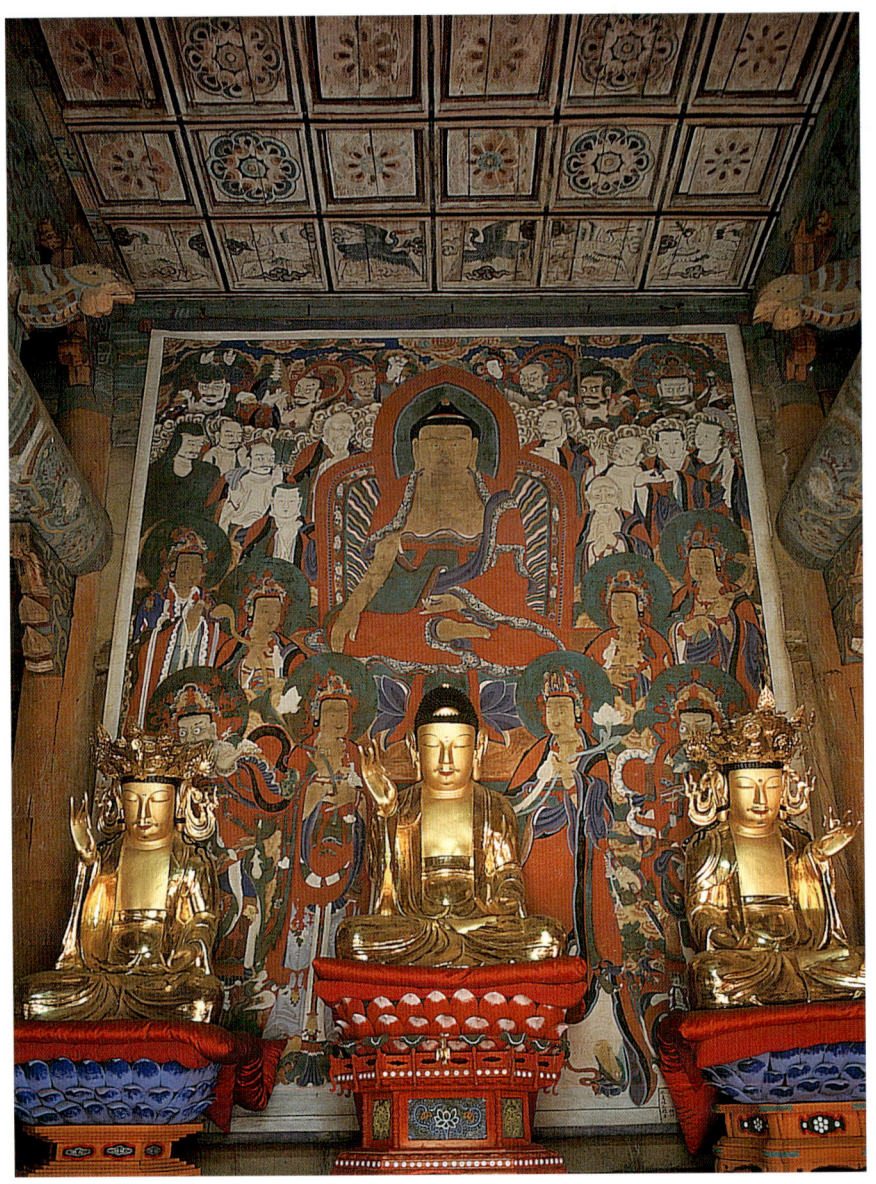

참당암 대웅전 삼존불과 후불탱화 삼존불은 1561년(명종 16)에 조성되었으며 후불탱화는
20세기 초에 제작되어 적색과 녹색 위주로 흰색, 청색 등의 원색이 사용되었다.

들이 보이기 때문이다. 그중 하나가 투심조(偸心造)의 잔형으로 보이는 기법인데, 투심조라고 하는 것은 출목선상에 벽체에 평행한 방향으로 놓이는 첨차를 두지 않는 것이다. 후면의 공포를 전면과 비교해 보면 1출목 첨차가 생략되어 있는 것을 볼 수 있어 이러한 투심조 기법의 흔적이 남아 있는 것을 알 수 있다.

공포의 발달사를 개관해 보면 우선 기둥과 지붕을 연결하는 부위를 보강하기 위해 받침을 두던 것이 주두로 발전하여 형식화되는 것이 가장 첫번째 단계이며, 다시 처마를 길게 내밀기 위해 앞으로 내민 팔처럼 생긴 부재를 두는 것이 두 번째 단계로 그에 따라 벽체에 수직인 방향으로 부재가 발달하며, 마지막 단계에서는 수직 방향으로 내민 부재 위에 다시 수평 방향의 양옆으로 받치는 부재가 발달하는 것이 일반적이다. 이러한 관점에서 볼 때 후면의 공포는 전면에 비해 고식의 기법을 간직하고 있는 것이라 할 수 있으며, 그외에도 배흘림이 뚜렷한 기둥, 굽받침이 있는 주두와 소로, 제일 바깥쪽에 놓인 외목첨차 하단의 쌍S자형 초각 등은 고려시대 건물의 대표적인 특성이어서 고식의 기법이 매우 잘 남아 있는 건물임을 알 수 있다.

건물 내부에는 우물마루를 깔았으며, 내부 고주 사이에 후불벽을 형성한 후 그 앞에 불단을 형성하고 목조석가여래좌상을 모셨다. 이 불상의 조상기가 최근에 확인되었는데, 그에 따르면 불상의 대좌 하대 바닥면에 먹글씨로 쓴 조상기는 1561년(명종 16) 10월 13일에 시작하여 11월 27일 불상 조성의 일을 마쳤으며 45일이 소요되었다고 적고 있다.

목조석가여래좌상 뒤에 모셔진 후불탱화는 1900년(광무 4)에 봉영, 관하 종인 등이 제작한 것으로, 석가불좌상 좌우로 보관에 화불이 그려진 문수보살과 보현보살 등 6보살과 십대제자, 사천왕, 신장 등이 둘러선 구도이다. 키 모양 광배를 지닌 항마촉지인의 석가불좌상은 연화대좌에 결가부좌하고 있으며 손발이 작아졌다. 도식적인 권속에 비해, 석가불은 비교적 정교하게 묘사된 면이 엿보인다. 적색과 녹색 위주로 흰색, 청색 등의 원색이 사용되었으며, 광배 또는 불신(佛身)의 채색이 고르지 않다.

천장은 중앙부는 높고 퇴칸 쪽은 한 단 낮은 층급을 둔 우물천장으로 처리하였는데, 천장 아래로 노출되어 있는 부재에는 당초문 초각을 매우 복잡하게 틀어 화려하게 장식하고 있다.

참당암 대웅전 동종

법당 안에 있는 동종으로 일반 의식 때 사용하는 아담한 크기이다. 1788년(영조 12) 작. 전라북도유형문화재 제32호. 총높이 75센티미터, 종신 높이 68.5센티미터, 입지름 50센티미터, 유곽장 15.5×15센티미

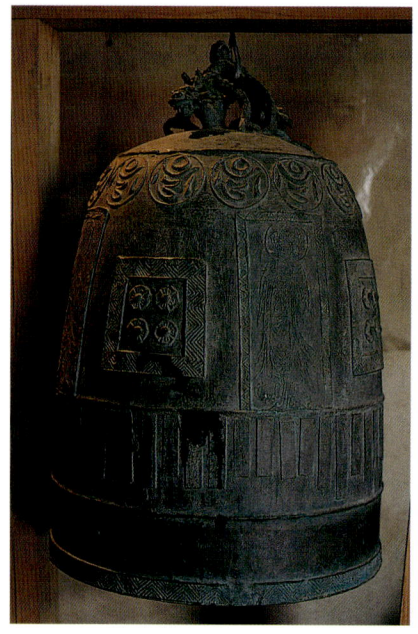

참당암 대웅전 동종 달아매는 고리인 용뉴는 쌍룡이 꼬리를 맞대고 사지를 딛고 웅크리고 있는 형상이다. 종신의 상대에는 범자대문이 둘러져 있다.

터. 명문에 의하면 선운사 내원암에서 제작되었음을 알 수 있다.

달아매는 고리인 용뉴는 쌍룡이 꼬리를 맞대고 사지를 딛고 웅크리고 있는 형상이다. 종신의 상대(上帶)에는 범자대문(梵字帶文)이 둘러져 있는데, 원좌 내에 양각으로 조식한 범자를 8개소에 배치하였다. 종복에는 네 곳에 유곽을 만들어 그 안에 4개의 유두를 달았으며, 유곽과 교대로 4구의 보살 입상이 배치되었다. 주술적 상징의 표현인 범자문, 종복에 위치하게 된 유곽의 형태가 정사각형으로 변했으며, 유두는 원형으로 도안화된 화문 안에 낮은 반구형(半球形) 돌기를 표출시켰고, 보살상은 보다 간결한 선으로 묘사하고 있다. 하대(下帶)에는 제작년대와 장소, 제작에 참여한 사람들의 명단인 시주질(施主秩)이 기록된 명문이 새겨져 있다. 이 아래, 구연대(口緣帶)는 넓은 평면돌대 위에 유곽과 동일한 거치문대를 둘렀다.

참당암 응진전 겸 명부전

참당암 응진전 겸 명부전 건물은 대웅전의 우측에 자리하고 있으며, 2개의 기능을 동시에 수행하도록 하면서 그 기둥 칸살이 매우 독특하게 구성된 특이한 형태의 건물이다. 2개의 기능을 수용함에 따라 전면 전체 6칸을 3칸씩 구분한 후 각 3칸의 중앙 어칸을 넓게 하고 좌우의 협칸을 좁게 하여 기능에 맞도록 하였다. 오른쪽이 명부전이며 왼쪽이 응진전으로 오른쪽 3칸의 전체적인 칸살이 왼쪽 3칸의 칸살보다 더 크게 되어 있다.

또한 특이한 점은 초석의 높이가 높고 기능은 건물에 비해 굵은 편이어서 다른 일반적인 건물과는 그 비례감이 차이가 있다는 점이다.

건물의 내부 바닥은 모두 우물마루로 마감했으며, 내부는 벽체로 구획되어 있다. 명부전은 후면 및 측면을 활용하여 불단을 조성하고 불상을 봉안하였으며, 응진전은 후면에만 불단을 조성하였다.

참당암 약사전

대웅전과 응진전 겸 명부전 건물 사이에 난 계단으로 올라서 한 단 높은 대지에 위치하고 있다. 매우 작은 규모지만 그 규모에 비해 건축 형식은 매우 잘 갖추고 있어 이채롭게 느껴지는 건물이다. 현판에는 지장전으로 되어 있으나 기록으로 볼 때는 약사전(藥師殿) 건물이며, 내부에 모셔져 있는 지장보살상으로 인해 지장전의 현판을 걸게 된 것이다.

정면 3칸, 측면 2칸의 맞배지붕 건물로 격식을 갖춘 공포를 완벽하게 구비하고 있어 건물이 매우 화려하게 느껴지며, 17세기의 양식적 특징을 보여 주고 있다. 다포계 맞배집의 경우 선운사 대웅보전이나 바로 옆의 참당암 대웅전에서와 마찬가지로 측면에 공포를 배열하지 않는 경우가 많은데 이 건물은 측면에도 공포를 배열한 특이한 예에 속한다.

내부에는 불단을 조성하고 지장보살을 모셨는데, 불상 상부에 별도의 장엄을 하지는 않았다. 그러나 상대적으로 규모가 작은 천장에 안으로 돌출되어 있는 공포의 내단이 사방을 두르고 있어 장엄의 효과를 충분히 발휘하고 있다.

지장보살상은 두건을 귀 뒤에서 끈으로 묶었으며 양쪽 어깨를 덮으며 내려온 두건 자락의 끝부분도 삼엽(三葉) 형태로 장식적이다. 반개한 부은 눈, 짧은 코, 두 개의 작은 삼각형으로 표현한 입술 등에서 경직된 면이 보이나 인중과 이중턱, 삼도까지 섬세하게 조각하였다. 목걸이는 인동문 고리에서 시작하여 중앙에 큰 화문을 넣고 세 개의 수식을 늘어뜨려 그 기본적인 형태는 도솔암 지장보살상과 유사하다. 불상 높이 79센티미터, 무릎폭 54센티미터, 대좌 높이 100센티미터. 조선 전기작. 전라북도유형문화재 제33호.

가슴 앞 오른손 아래에 띠매듭을 나타내었으며, 그 위에 통견(通肩) 법의를 입고 있다. 결가부좌하였으며 법의 밖으로 오른쪽 발을 노출시켜 조각하였다. 왼손은 항마촉지인처럼 길게 뻗었고, 오른손에 보주를 들었다. 움츠린 신체에 비해 얼굴이 크고 평판화되었으며, 손의 표현 등 전체적으로 투박한 조각기법은 정교한 두 금동지장보살상과 비교된다.

대좌는 상·중·하대로 구성되었으며 가느다란 팔각형의 중대석으로 인해 석등의 것을 연상하게 한다. 불상에 비해 대좌가 큰 편이다.

도솔암

참당암에서 조금 더 위쪽으로 올라가서 갑자기 경사가 급해지며 우측으로 꺾이는 곳에 단을 두어 조성되어 있다. 선운사와 동시대에 창건되었다고 전해진다.

도솔암 내원궁 별도의 기단 없이 암반 위에 세운 건물로 상도솔암이라고도 한다. 정면 3칸, 측면 2칸의 팔작지붕 건물로 작지만 매우 화려하고 안정된 느낌을 준다.

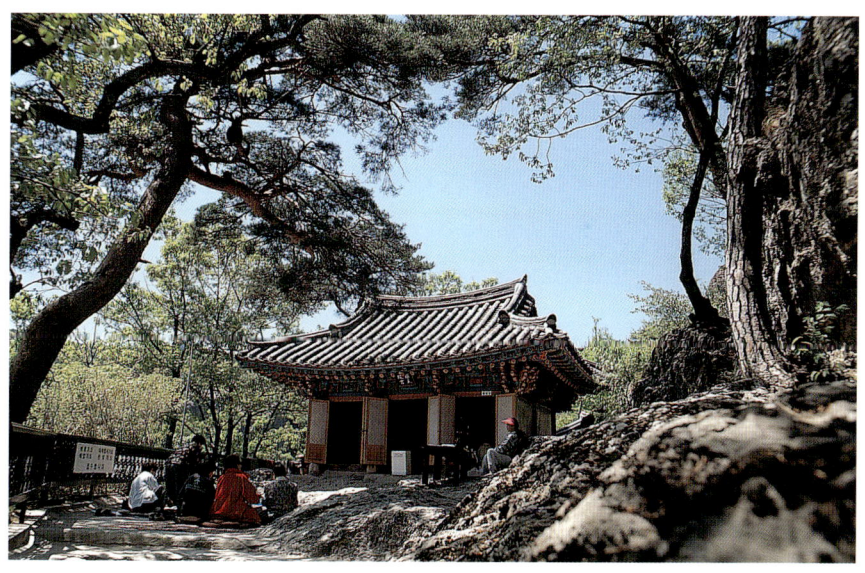

도솔암 내원궁

　도솔암 위쪽에 천인암(千仞岩)이라는 깎아지른 듯한 바위 위에 자리
하고 있는 내원궁(內院宮)은 일명 상도솔암(上兜率庵)이라고 한다. 내
원궁이란 미륵보살이 도솔천에서 수행과 교화를 하며 머무르던 곳을
말한다. 정면 3칸, 측면 2칸의 팔작지붕 건물로 작지만 매우 화려하고
안정된 느낌을 준다. 내부에는 금동지장보살좌상이 중앙 뒤편에 자리
하고 있으며, 천장은 우물천장을 설치하였다.

　금동지장보살좌상은 14세기에 조성된 것으로 손에 법륜을 든 모습으
로 표현되어 있다. 보물 제280호로 지정되어 있으며 높이는 96.9센티
미터이고 동에 도금한 것이다. 불신만 남아 있는 금동지장보살상은 머
리에 두건을 쓰고 있다. 근래에 개금(改金)되어 원래의 모습이 잘 드러
나지 않지만 어깨는 둥글며, 얼굴과 손이 사실적으로 조각되어 있다. 여
래의 불의(佛衣)와 같은 형식으로 표현된 천의(天衣)의 왼쪽에 승각기
의 금구(金具) 장식이 있는데 이것은 서산 문수사 금동아미타불좌상
(1346년)이나 청양 장곡사 금동약사불좌상(1346년) 등의 14세기 전반
기 불상에서 보이는 도상적 표현이다. 타원형의 갸름한 얼굴, 초승달 같
은 눈썹, 가는 눈, 오똑한 코, 작고 예쁜 입 등 전체적으로 단정하고 아
담한 여성적인 얼굴 역시 신체와 잘 조화되어 있다.

　이 보살상에서 가장 특징적인 것은 두건 쓴 머리와 손의 인상(印相)이
다. 두건은 이마를 걸쳐 귀 뒤로 해서 어깨까지 천을 뒤집어쓴 모양인
데, 이런 형태의 두건은 고려시대의 지장보살도에 흔히 보이는 지장보
살상의 특이한 형식이며, 왼손에 법륜을 잡고 있는 독특한 손모양이다.
지장보살의 지물로는 보주(寶珠)나 석장(錫杖)이 일반적이다. 두건에
영락(瓔珞)을 장엄하고 법륜을 정교하게 치장한 것 등은 가슴의 화려한
목걸이나 손목의 팔찌 등과 함께 당시 고귀하고 우아한 귀족적인 보살
상의 모습을 반영한다.

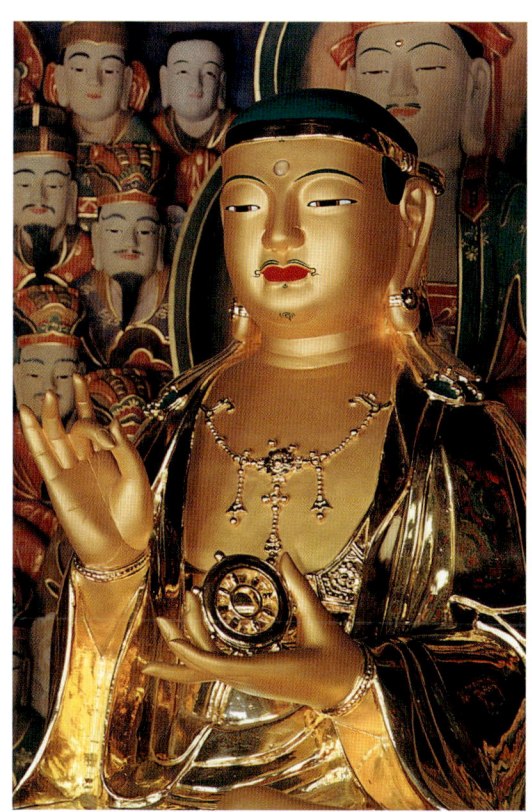

도솔암 내원궁 내부(아래)와 지장보살좌상 머리에 두건을 쓴 모습이나 승각기의 금구 장식, 군의를 묶은 띠매듭은 14세기 불·보살에 묘사된 특징과 동일한 것으로 당대를 대표하는 걸작에 속한다.

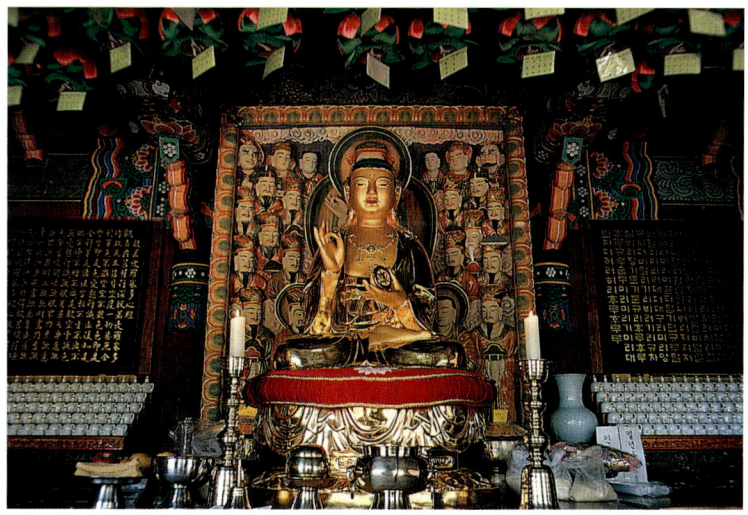

반달 모양으로 오른쪽 어깨에 걸쳐진 옷자락, 왼쪽 팔꿈치의 큐(Ω)형 주름 등은 문수사 금동아미타불좌상이나 장곡사 금동약사불좌상의 불의와 같아 천의와 불의를 구별하지 않은 것을 알 수 있다. 승각기 장식과 군의(裙衣)를 묶는 띠매듭도 14세기 불·보살상에 묘사된 특징과 동일한 것으로, 당대를 대표하는 걸작에 속한다.

도솔암 나한전

도솔암 내원궁에 이르는 계단을 오르기 전에 조금 너른 대지가 나타나는데 그 대지 위에 도솔암 나한전이 자리하고 있다. 정면 3칸, 측면 1칸 규모의 익공계 맞배집으로 내부에는 석가모니불상과 16나한상을 모시고 있다. 전면에는 폐탑재로 쌓은 작은 석탑이 놓여 있다.

마애불좌상

도솔암으로 오르는 길 옆, 절벽에 새겨진 조선시대의 마애불상이다. 보물 제1200호. 전체 높이 1,550센티미터, 신체 높이 1,223센티미터, 무릎폭 850센티미터. 낮은 돋을새김과 음각선을 적절히 사용한 거대한 마애불상의 주변에 수많은 네모난 구멍은 가구재를 박았던 흔적으로, 전각을 세워 불상을 보호하고 예불의 대상으로 삼았음을 알 수 있다.

불신의 주위로 얕게 감실을 파 여기에 불상을 낮게 돋을새김했다. 연화대좌에 결가부좌한 이 불상의 광배는 감실의 윤곽선을 따라간다면 키 모양 광배로 생각된다. 이마에 백호가 돋아 있는 방형(方形)의 편평한 얼굴에 올라간 눈과 코, 두툼한 입술, 이중턱으로 양감을 나타내고 있다. 머리와 몸체가 거의 맞붙은 짧은 목에는 음각선의 삼도가 표현되어 있다. 머리와 구별이 불분명한 뾰족한 육계, 좁은 어깨의 방형 체구 등 역시 평판적으로 처리된 수법은 1467년 작 원각사 10층석탑 부조상과 유사한 조선시대 불상의 특징을 나타내고 있다. 다섯 손가락을 펴 아

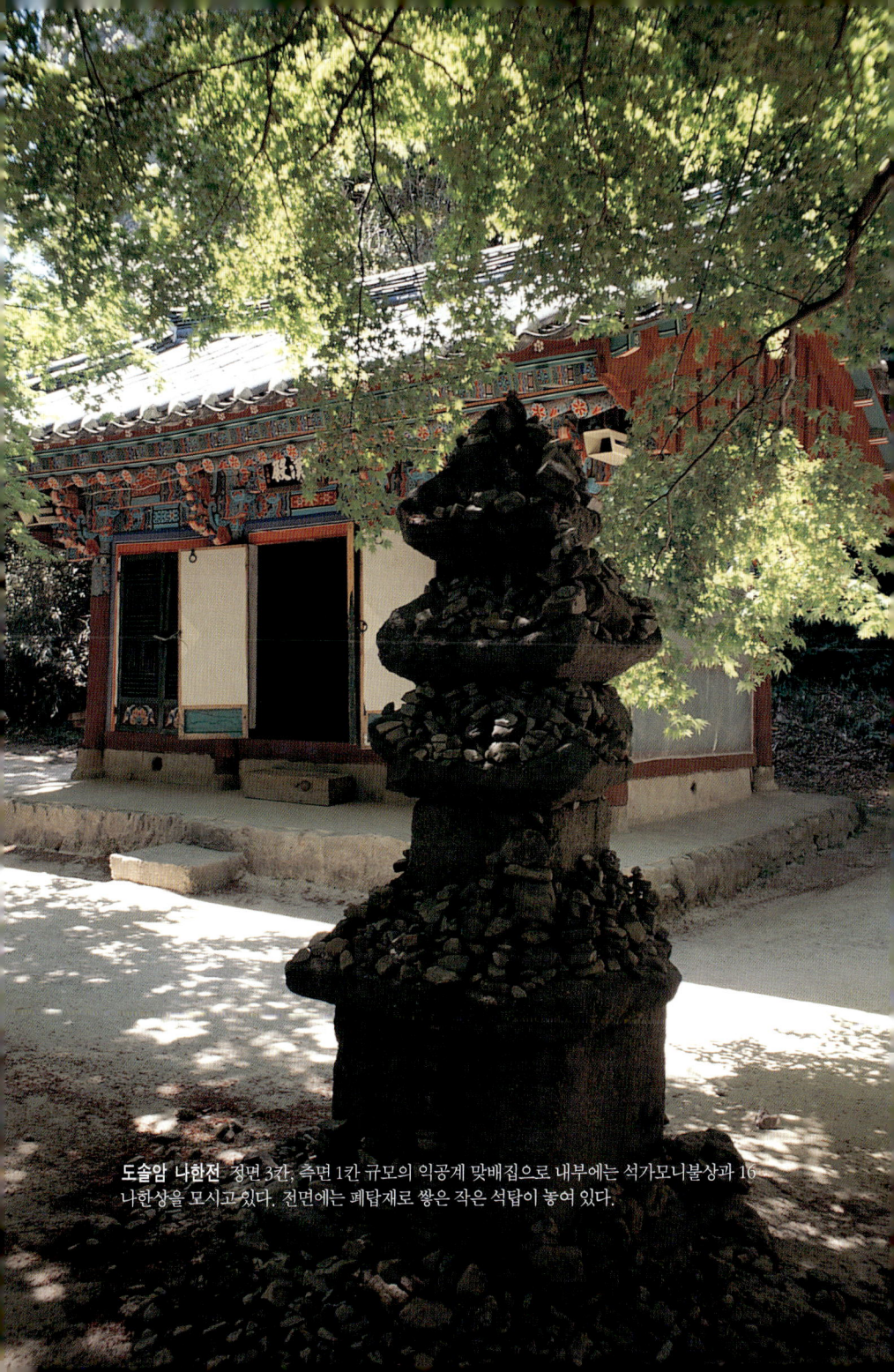

도솔암 나한전 정면 3칸, 측면 1칸 규모의 익공계 맞배집으로 내부에는 석가모니불상과 16 나한상을 모시고 있다. 전면에는 폐탑재로 쌓은 작은 석탑이 놓여 있다.

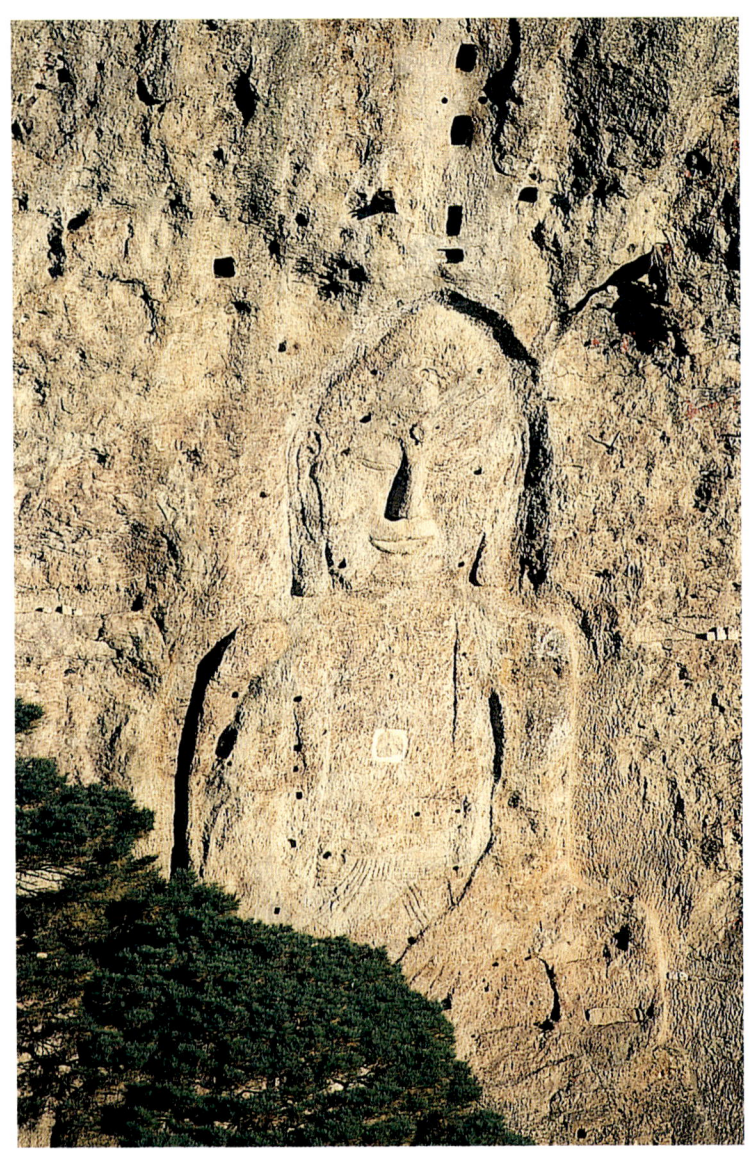

마애불좌상 낮은 돋을새김과 음각선을 적절히 사용하였다. 마애불상 상부에 보이는 네모난 구멍들은 가구재를 박았던 흔적으로, 전각을 세워 불상을 보호하고 예불의 대상으로 삼았음을 알 수 있다.

랫배에서 서로 맞대고 있는 투박한 두 손과 두 발이 강조되었다. 두 어깨를 덮은 통견의 불의(佛衣)의 옷주름선과 밋밋한 가슴 아래를 묶은 군의(裙衣)의 띠매듭은 선명한 음각선으로 간결하게 처리되었다.

2단의 하대(下臺)를 갖춘 방형 대좌(臺座)의 상대(上臺)는 옷자락이 덮여 있는 상현좌(裳懸座)이다. 하대에는 음각선의 단순한 복연화문(覆蓮花文)이 나타나 있다.

양감이 줄어든 신체, 머리와 손발이 커지고 육계가 뾰족한 점, 가슴 아래를 가로질러 새겨진 띠매듭의 모양 등에서 조선 초기 마애불상으로 추정된다.

석상암

선운사의 동쪽에 있는 계곡을 따라 조금 올라가면 경사가 급해지면서 언덕을 이루는 부분에 '중수사적비'(1965년)가 서 있으며 그 옆의 계단을 오르면 계곡을 한눈에 굽어볼 수 있는 곳에 석상암(石床庵)이 자리하고 있다.

현재 남아 있는 건물은 작은 암자에서 흔히 그렇듯이 불전과 요사를 겸하고 있다. 조선시대에 널리 유행한 익공계 형식의 건물인데, 전면은 초익공 형식을 사용하였지만 후면에는 포를 짜지 않고 기둥과 서까래를 받는 도리, 보머리가 함께 짜여지는 굴도리집의 형태로 간략화되어 있다. 이 건물은 측면의 구조가 재미있는데 측면에 별도의 가구(架構)를 짜서 지붕을 받치도록 하였으며 수장의 공간으로도 사용할 수 있도록 하였다. 현재 본채 5칸 중 왼쪽 4칸에 퇴칸을 두어 툇마루를 설치하였으며, 우측으로는 3칸의 살림집을 덧달아 내어 사용하고 있으나, 원래는 중앙 3칸에만 툇마루를 두었을 것으로 추정된다.

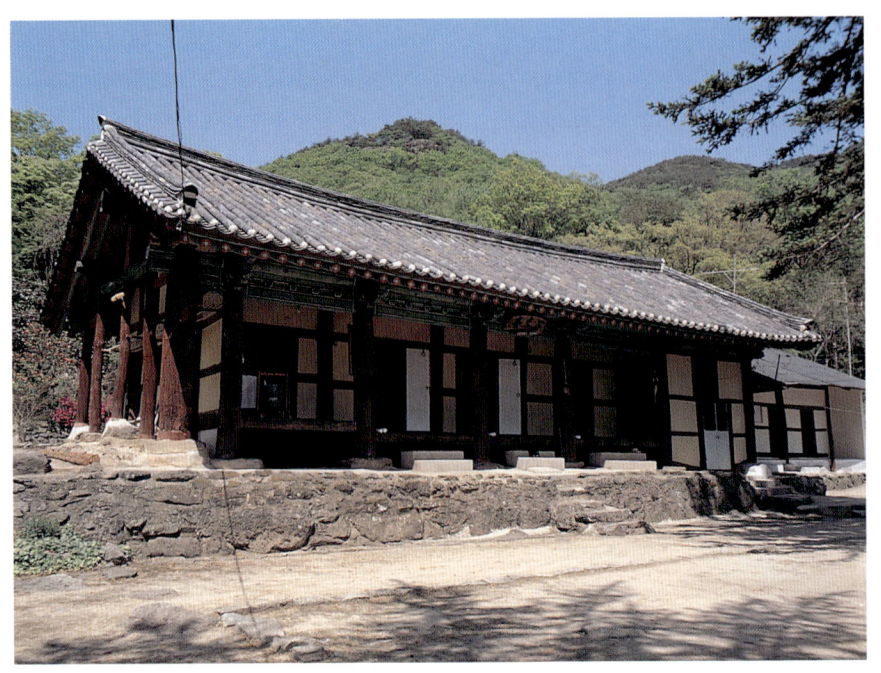

석상암 조선시대에 널리 유행한 익공계 건물로 불전과 요사를 겸하고 있다.

불전 건물 뒤로는 근래 신축한 정면 2칸, 측면 1칸 규모의 칠성각(七星閣) 1채가 한 단 높은 곳에 있는데, 이렇게 정면의 칸수를 짝수로 하는 경우는 한국 건축에서는 드문 편이다. 그리고 사용된 공포는 조선 후기의 장식적 성향을 보여 주는 초익공 형식이다.

동운암

동운암(東雲庵)은 선운사가 위치하고 있는 계곡 반대편의 야트막한

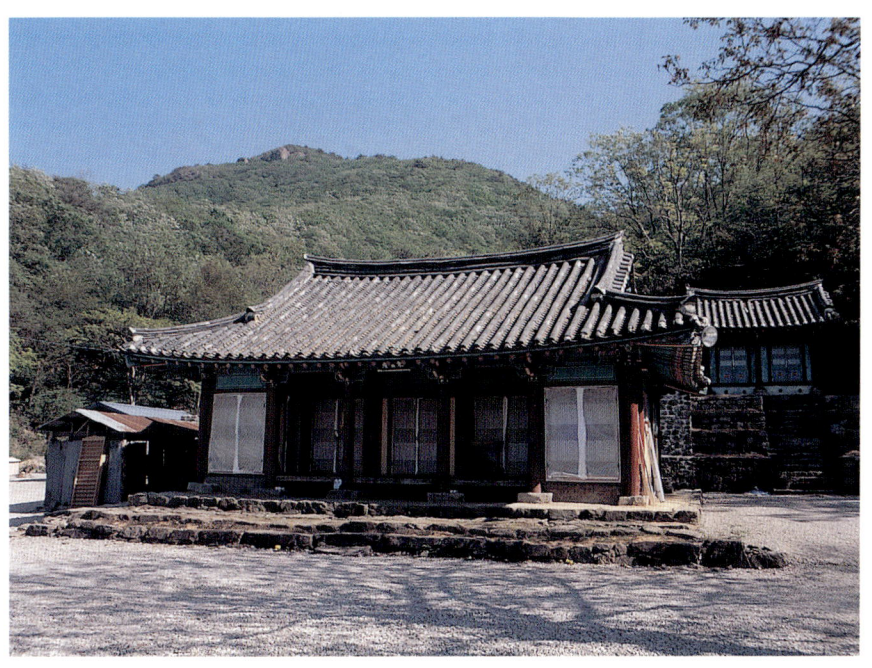

동운암 법당과 거주의 기능을 겸하고 있으며 법당 우측 뒤편으로 삼성각이 조성되어 있다.

산자락에 위치하고 있다. 선운사에서 사천왕문 앞의 극락교를 건너 왼쪽으로 조금 내려가다 보면 오른쪽으로 오르는 길이 나오고 그곳을 조금만 올라서면 동운암 법당 건물이 눈에 들어온다.

『도솔산선운사창수승적기』에 의하면 1693년에 원당(願堂)으로 조성한 것이며 1706년에는 조실누각(祖室樓閣)을 보충하여 건립하였다고 기록되어 있으나, 지금 남아 있는 건물은 모두 최근에 세워진 것이다. '동운암'이란 편액이 걸린 법당은 전면 5칸, 측면 2칸 반 규모이며, 현재는 왼쪽에 건물을 덧달아 내어 활용하는 등 법당과 거주의 기능을 겸하도록 하고 있다. 전면 쪽의 중앙 3칸은 반칸 정도 벽을 뒤로 물리고 툇마루를 시설하여 정면성을 갖도록 하였다.

법당의 우측 뒤편으로는 네 개의 단이 차례차례 뒤로 물리도록 하여 쌓고 그 위에 삼성각(三聖閣)을 조성하였다. 삼성각은 전면을 일반적인 홀수 칸이 아닌 2칸으로, 측면은 1칸으로 조성하였으며 내부에는 산신탱 등의 불화가 모셔져 있다.

기타 성보문화재

천불회도

비단 바탕에 채색. 세로 198.5센티미터, 가로 140센티미터.

현재 동국대학교 박물관에 있는 천불회도는 1754년(영조 30) 작이다. 사적기에 의하면 1618년에 천불전을 창건했으며 1668년 천불을 조상했다고 한 것으로 미루어, 이 천불회도는 선운사 천불전에 봉안되었던 불화이다. 1848년 천불전이 철거될 때 대웅보전에 옮겨진 것이다. 화사 축연(竺演)비구가 그린 이 불화는 현겁(賢劫)에 출세하는 현재천불(現在千佛)을 그린 것으로 한 폭에 250불씩 모두 4폭이다.

윗부분에는 거신광배 속에 서 있는 삼신불(三身佛)이 묘사되었고 그 아래 250불이 정연하게 배치되었다. 삼신불은 중앙의 비로자나불을 비롯하여 노사나불과 석가불 등 법신·보신·화신불이 구름 속에 묘사되어 있다. 아래에 표현된 250불은 합장하거나 아미타불의 손모양을 하고 연화좌에 결가부좌한 모습인데, 맨 아랫줄의 부처만 전신이 묘사뇌었을 뿐 나머지는 상체만이 나타나 있다.

부처들은 한결같이 뾰족한 육계가 표현되었고 두 어깨를 덮은 통견의 붉은 법의를 걸치고 있다. 나머지 3폭은 삼신불이 없이 250불만을

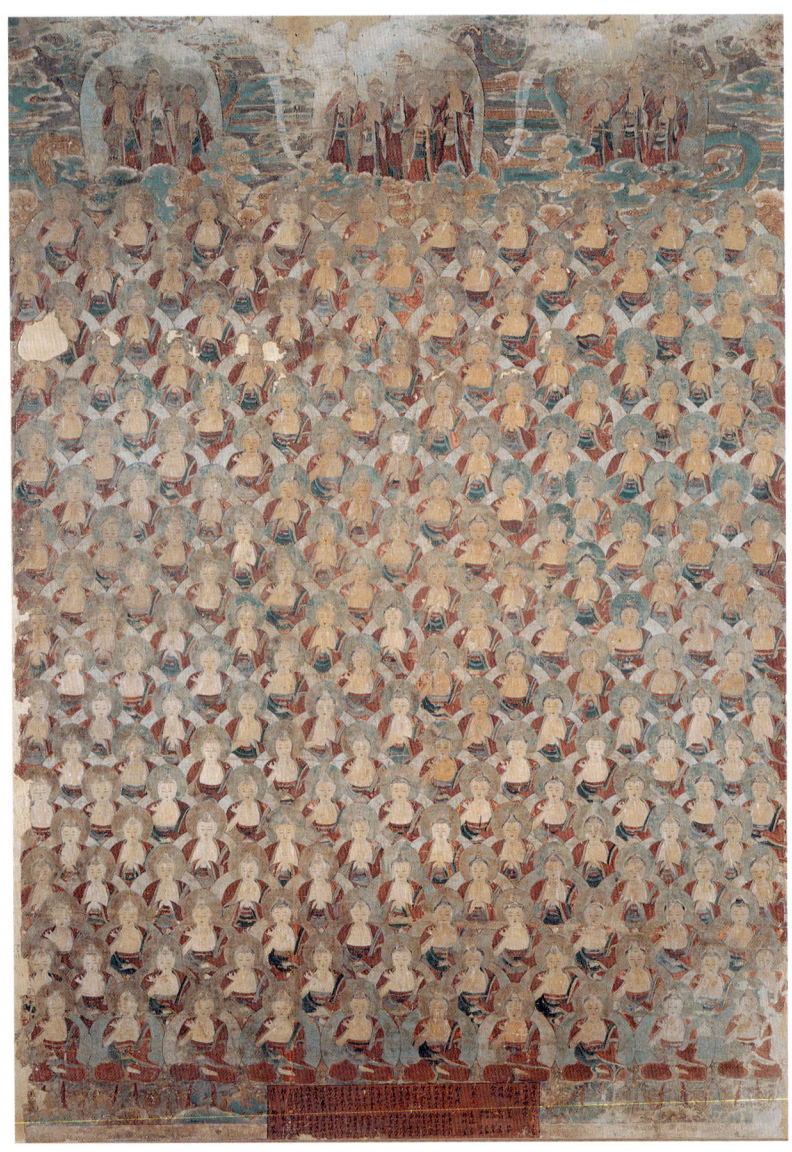

천불회도(위, 옆면) 화사 축연비구가 그린 이 불화는 현겁에 출세하는 현재천불을 그린 것으로 한 폭에 250불씩 모두 4폭이다. 이 천불도는 자료가 귀한 조선시대 후기 천불도를 대표하는 작품에 속한다. 동국대학교박물관 소장.

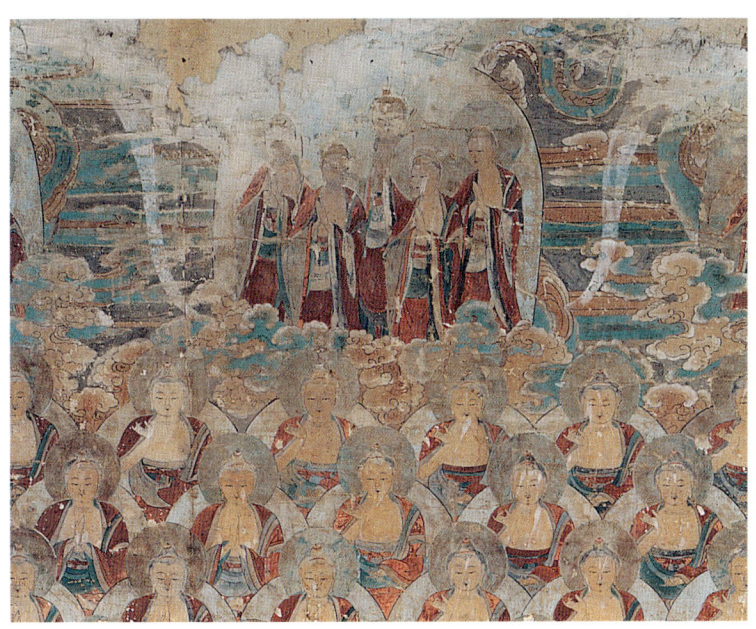

그린 형식이다. 주조색은 적색과 녹색에 흰색이 배합된 양록색 및 홍색의 부드러운 파스텔톤의 색감을 나타내고 있다.

천불 그림은 과거천불·현재천불·미래천불을 각각 그리거나 삼천불 모두를 그리기도 하지만, 보편적으로 현재천불만을 그리는 경우가 많다. 이 천불도는 자료가 귀한 조선시대 후기 천불도를 대표하는 작품에 속한다.

불경 판각

선운사의 7종 191판의 불경 중, 선운사에서 개판(開板, 처음 찍어냄)되지 않은 것은 태인(泰仁) 용장사(龍藏寺)의 능엄경(愣嚴經) 간기판(刊記板)이다.

특히 주목되는 「석씨원류응화사적목판(釋氏源流應化事蹟木板)」(전라북도유형문화재 제14호)은 관음전의 철제 금고 안에 보관되어 있다. 이

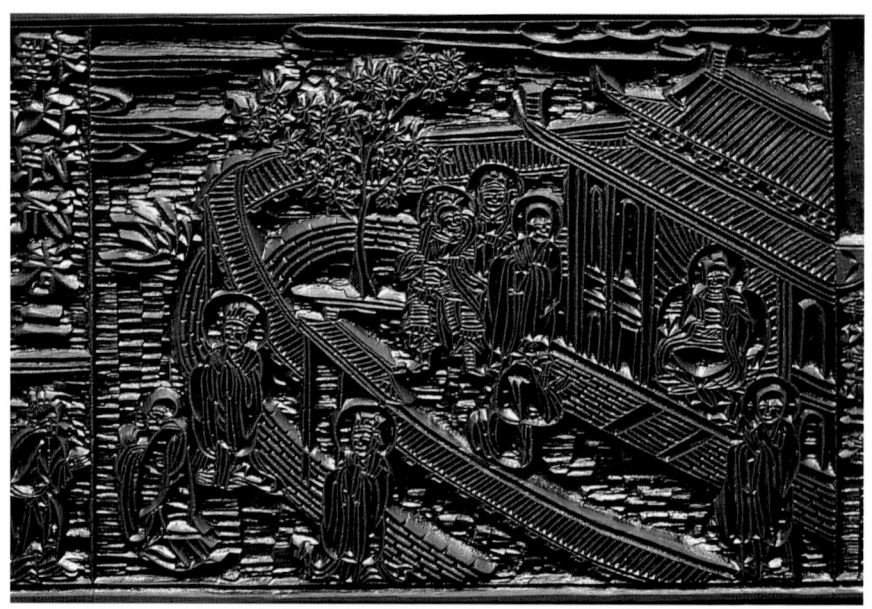

「석씨원류」 목판 『석씨원류』는 불교의 가르침을 그림과 글로 편집한 불서를 말하는데, 선운사에서는 원래 103매의 목판으로 판각되었다고 한다.

「석씨원류」 목판은 1648년(인조 26)에 새긴 것으로 가로 39×세로 29.5센티미터이다. 원래 103매의 목판으로 판각되었다고 하나 50매 100판의 원판과 후대에 보수된 듯한 2매 4판이 남아 있다.

『석씨원류』란 불교의 가르침을 그림과 글로 편집한 불서(佛書)이다. 그러나 이 선운사의 책판은 망실 부분이 많아 그 내용을 확실히 알 수 없지만 1673년에 경기도 불암사에서 새긴 「석씨원류」 목판(212판 4권)이 현재까지 완질로 남아 있어 유포 당시 「석씨원류」의 간행 내력과 편집 내용을 파악할 수 있다. 선운사판 「석씨원류」는 불암사판 「석씨원류」보다 분량은 적으나 판각연도가 빠르고, 판각의 우수성이 나타나 있다. 따라서 선운사판 「석씨원류」는 방대한 양의 서책으로 간행되었으므로 우리나라 목판인쇄사에서 판화의 역사를 가늠하는 중요한 자료라고 하겠다.

선운사 소장 목판본 내역

經名(경명)	板數(판수)	刊記(간기)
釋氏源流(석씨원류)	101板	崇禎後戊子(1648년)五月日玄益跋
念佛普勸文(염불보권문)	31板	乾隆五十二丁未(1787년)七月日全羅茂長禪雲寺開刊
佛說廣本大勢經 (불설광본대세경)	39板	
竈王經(조왕경)	17板	
金光明經(금광명경)	1板	
禪雲寺遊山記 (선운사유산기)	1板	
愣嚴經刊記板 (능엄경간기판)	1板	崇禎八年乙亥(1635년)四月日全羅道泰仁縣地雲住山龍藏寺開刊

선운사의 보관 유물

선운사 유물 창고에는 법당에 불화를 새로 그려 모시면서 오래된 탱화를 떼어내어 보관하고 있다. 19세기 작인 8점의 불화는 2점의 칠성도와 6점의 고승 진영이다.

조선시대 칠성도(七星圖)란 무속·불교·도교가 합쳐진 불화이다. 수명장수(壽命長壽), 구복(求福) 및 생자득남(生子得男)을 비는 칠성신앙은 북극성을 불교식으로 여래화한 치성광여래(熾盛光如來)가 칠성과 결합되면서 불교신앙으로 자리잡게 되었다. 치성광여래의 협시보살은 해와 달을 보살화한 일광보살과 월광보살이다. 북극성을 축으로 하여 그 주위를 하루에 한 번씩 회전하는 북두칠성은 원래 천문가(天文家)와 도가(道家)에서 해, 달과 함께 중시되었다. 칠성도는 치성광여래·일광보살·월광보살을 중심으로 구요(九曜), 칠성 또는 칠원성군, 12궁, 28수 등 보다 많은 성중(星衆)이 도설된다. 조선 전기에 대두된 칠성도는 조선 후기에 성행하였다.

진영도(眞影圖)는 고승(高僧)의 모습을 그린 그림이다. 사찰에 봉안하기 위해 조성된 것으로 진영 또는 불교 영정(影幀)이라고도 한다. 현존하는 조선 후기 작품들은 고승의 초상화라기보다 예배의 대상으로 제작된 것 같다. 임진왜란을 통해 서산대사 휴정과 사명대사 유정을 위시한 승병의 공헌이 입증되자 그들을 중심으로 하는 특정 문중에 속하는 승려들의 진영이 활발하게 조성되었다.

18세기 이후에는 각 지방으로 문중이 크게 확산되어 해당 사찰과 직접 관련이 있는 고승이나 주지 등의 진영이 많이 조성되었다. 고승 진영에는 화제(畵題)뿐만 아니라 주인공의 인격이나 덕망에 대하여 그것을 기리고 추모하는 글인 찬문(撰文)을 써 넣기도 한다. 총 6점의 진영은 의자상으로, 불자(拂子)나 주장자(拄杖子), 염주를 들고 있는 고승 진영 가운데 청허당대선사진영은 주목할 만하다.

칠성도

광무(1897~1906년) 연간 작. 전체 크기: 세로 192×가로 191.5센티미터. 화면 크기: 세로 186×가로 184센티미터. 삼베 바탕에 채색.

치성광여래·일광보살·월광보살의 삼존 주위로, 칠여래(七如來)와 자미대제(紫微大帝)를 중심으로 좌우 보필성, 수성(壽星), 칠원성군(七元星君), 삼태육성(三台六星)이 횡으로 줄지어 둘러서 있다. 연화대좌에 앉은 치성광여래좌상은 오른손은 올려 엄지와 중지를 맞대고 왼손은 다리 위에 올려 놓아 법륜을 든 모습이다. 안정된 형태이나 손발이 작은 편이다. 칠여래 모습인 칠성과 좌우 각 7구씩의 조복(朝服)을 입은 칠원성군, 상단 7구의 동자칠원성군(童子七元星君) 등 모두 28수(宿)와 보주형 거신광배 안에 3구씩 상단부 좌우에 삼태육성을 배치한 구도이다.

이 칠성도는 도교적인 칠원성군의 총성(總星)으로서 자미대제를 도상화한 예 가운데 하나이다. 적색과 녹색, 청색 등의 원색을 조화롭게 표현할 수 있는 중간색 계열이 생략된 채색수법은 19세기 말에 극에 달하여 불화의 회화사적인 가치를 떨어뜨리고 있다.

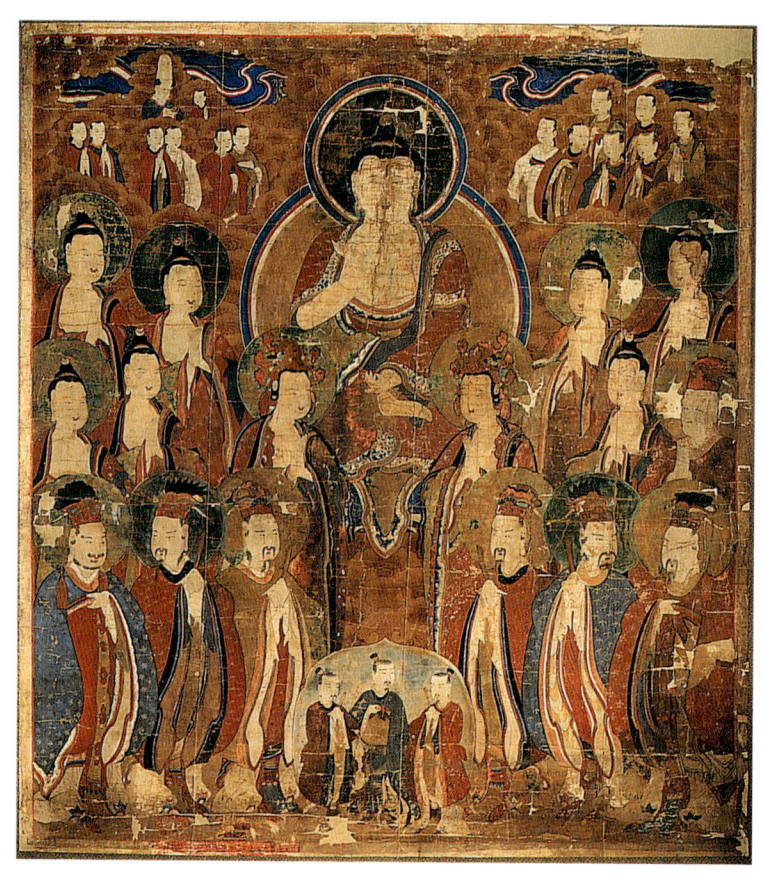

칠성도 적색과 녹색 위주로, 청색, 갈색, 흰색, 검정색 등이 차분하게 조화된 색채 구성을 보이는 19세기 불화이다. 원형의 두광과 신광을 지닌 치성광여래좌상은 오른손은 올리고, 왼손은 다리 위에 올려 놓아 엄지와 중지를 맞댄 손모양으로 아미타불의 손모양처럼 보인다.

칠성도

19세기 작. 전체 크기: 세로 156×가로 142센티미터. 화면 크기: 세로 152×가로 136센티미터. 삼베 바탕에 채색.

화기에 의하면 팔상전에 봉안되었던 이 칠성도는 화면 중앙에 연화대좌에 앉은 치성광여래와 일광보살과 월광보살 주위로, 칠여래와 칠원성군, 삼태육성이 횡으로 줄지어 서 있다. 원형의 두광과 신광을 지닌 치성광여래좌상은 오른손은 올리고, 왼손은 다리 위에 올려 놓아 엄지와 중지를 맞댄 손모양으로 아미타불의 손모양처럼 보인다. 대좌가 구름 속에 묻혀 있어, 이들은 구름을 타고 하늘에 떠 있는 모습을 상징하고 있다.

합장한 일광보살과 월광보살 옆에는 여래 형태의 칠성이 합장하고 본존을 향하였다. 조복(朝服)을 입고 홀(笏)을 들거나 가슴을 묶은 띠에 손을 얹은 칠성군(七星君)을 배치하였다. 하단 중앙에는 3구의 삼태육성을 보주(寶珠) 모양의 거신광배로 구별하였다. 상단부에는 좌우 7구씩의 동자칠원성군과 머리가 높이 솟은 수성(壽星)이 묘사되었다.

온통 구름으로 여백을 채운 이 칠성도의 본존불은 건장한 신체에 안정된 자세를 보여 주지만 손과 발이 작아졌다. 뾰족한 육계 위의 정상계주에서 좌우로 빛이 뻗어 나가는 모습, 옷깃의 꽃 문양, 섬려한 필선, 다소 어둡고 탁하지만 적색과 녹색 위주로, 청색, 갈색, 흰색, 검정색 등이 차분하게 조화된 색채 구성을 보이는 19세기 불화이다.

진영도

청허당대선사진영(淸虛堂大禪師眞影)　　19세기 작, 전체 크기: 세로 112×가로 73.5센티미터. 화면 크기: 세로 106×가로 64.5센티미터. 비단에 채색. 이 진영은 갈색의 바탕색을 배경으로 의자에 앉은 측면의 고승만을 그린 간략한 구성으로, '□庠□…謙□'의 묵서명이 있다. 발

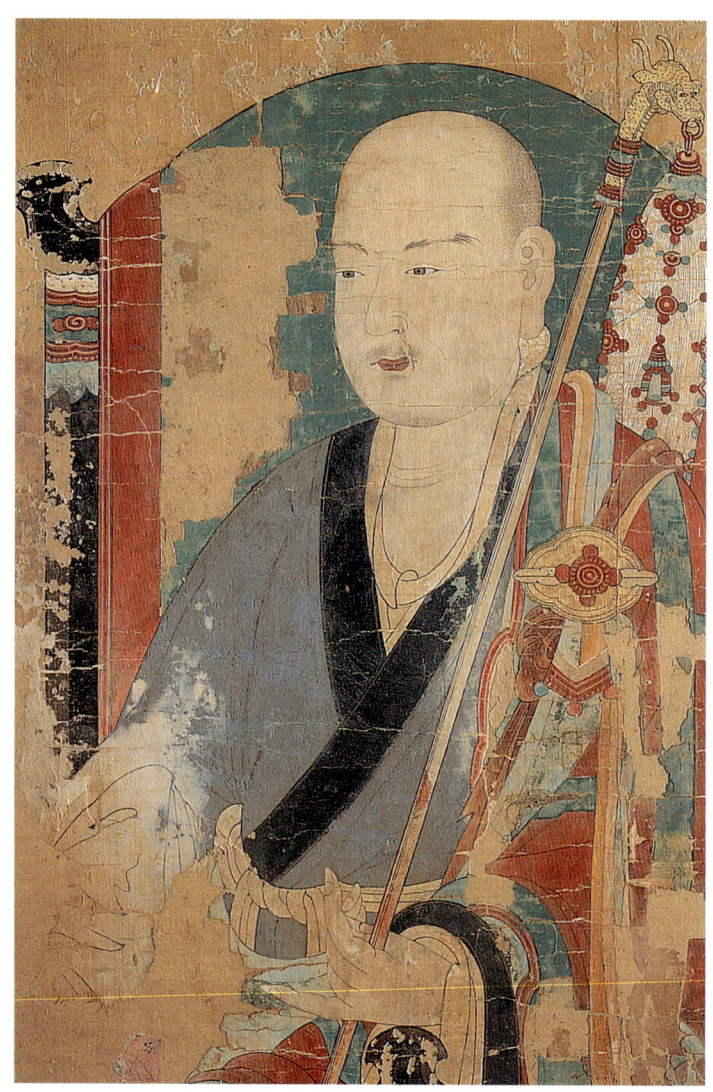

청허당대선사진영 세부 선운사에 모셔진 6점의 진영은 의자상으로, 불자나 주장자, 염주를 들고 있는 모습으로 표현되어 있다. 탈락이 심하지만 고승의 엄숙한 모습을 간결하게 처리한 수법이 뛰어난 작품에 속한다.

받침대 위에 두 발을 올린 청허당은 균형 잡힌 안정된 신체에, 금제 용두(龍頭)로 장식된 화려한 불자를 들고 있다. 탈락이 심하지만 고승의 엄숙한 모습을 간결하게 처리한 수법이 뛰어난 작품에 속한다.

부용당대선사진영(芙蓉堂大禪師眞影) 19세기 작, 전체 크기: 세로 114×가로 71센티미터. 화면 크기: 세로 108.5센티미터×가로 63.5센티미터. 비단에 채색. 청허당대선사진영과 비슷한 '素□□…謙'의 묵서명이나 배경묘사가 없으며, 고승의 얼굴 표현 등으로 미루어 이 두 진영은 같은 작가에 의해 그려진 것 같다. 의자 위에 가부좌한 측면향의 부용당은 두 손으로 염주를 들고 있다. 화려한 가사가 단조롭고 엄숙한 화면의 분위기를 부드럽게 하고 있다.

금봉당대종사진영(金峯堂大宗師眞影) 19세기, 전체 크기: 세로 114×가로 73센티미터. 화면 크기: 세로 102×가로 68센티미터, 비단에 채색. 의자 위에 가부좌한 측면향의 금봉당은 금제 용머리 장식이 달린 불자를 들고 있다. 근엄한 고승의 얼굴과 큰 상체에 걸쳐진 화려한 가사, 의자의 등받이와 돗자리 문양의 화사함은 화면에 활력을 불어넣고 있다. 한 옆에 놓여진 경상(經床) 위에는 미타경(彌陀經)이 있으며, 벽면의 배경은 탈락되었다.

설송당대종사진영(雪松堂大宗師眞影) 19세기, 전체 크기: 세로 112×가로 69센티미터. 화면 크기: 세로 107×가로 64센티미터, 비단에 채색. 의자에 앉은 자세, 경상 위에 놓여진 미타경, 의자와 돗자리의 배치 등에서 금봉당대선사진영과 유사한 구성을 보이고 있으나, 창백한 마른 얼굴에 염주와 불자를 들었으며, 가사와 의자를 장식한 모란문양이 화려하다.

묵담대화상진영(默湛大和尙眞影) 19세기, 전체 크기: 세로 112×가로 71센티미터. 화면 크기: 세로 109×가로 67센티미터, 모시에 채색. 의자에 앉은 자세 등은 설송당대선사진영과 비슷하다. 벽면의 소나

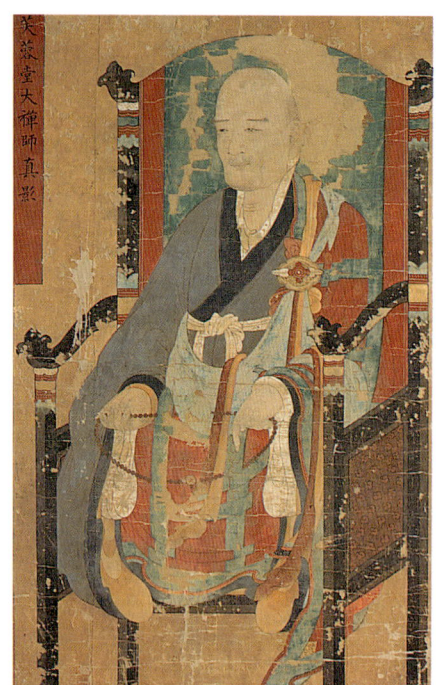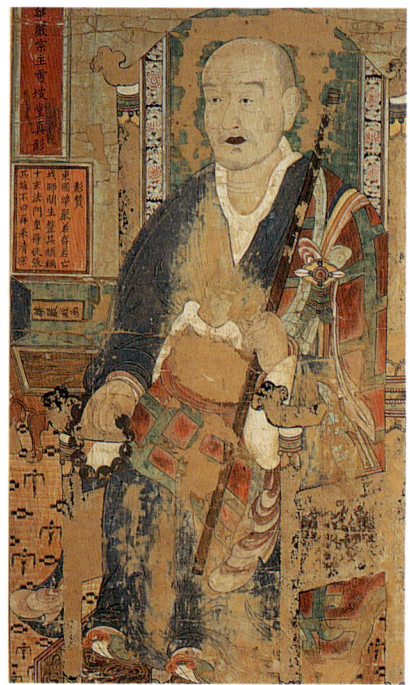

부용당대선사진영(왼쪽)과 화엄종주설파당진영 의자의 등받이 문양 표현이 돋보인다. 부용당대선사진영은 고승의 얼굴 표현 등에서 청허당대선사진영과 유사하다.

무와 바닥의 돗자리를 배경으로, 안정된 자세의 묵담은 염주를 들고 있다. 길상(吉祥)의 기호인 만(卍)자, 전(田)자 등의 문양과 의자의 등받이 및 돗자리의 문양 표현이 돋보인다.

　　화엄종주설파당진영(華嚴宗主雪坡堂眞影)　　19세기, 전체 크기: 세로 120.5×가로 72센티미터. 화면 크기: 세로 115×가로 66센티미터, 비단에 채색. 의자에 앉은 설파당은 주장자와 염주를 들었다. 상체가 크고 하체가 짧은 신체에, 붉은 가사에는 덧칠한 흔적이 있다. 경상(經床) 위에는 화엄경함(華嚴經函)이 놓여 있으며 영찬(影贊)이 있다. 탈락이 심하나 의자의 등받이 문양이 섬세하며, 원근이 무시되었다.

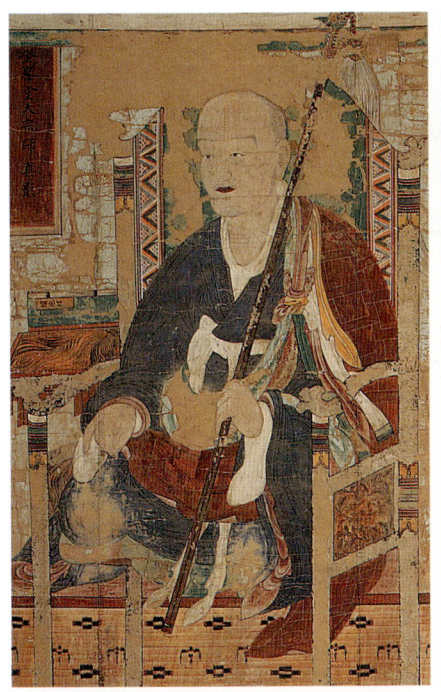

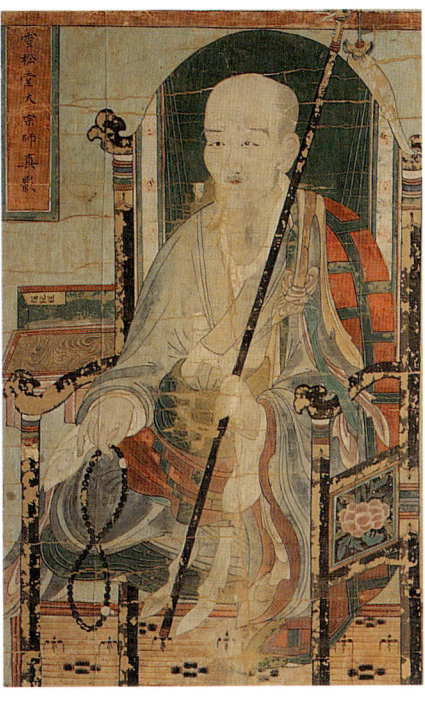

금봉당대종사진영(위 왼쪽), 설송당대종사진영(위 오른쪽), 묵담대화상진영 의자에 앉은 자세, 경상 위에 놓여진 미타경, 의자와 돗자리의 배치 등에서 유사한 구성을 보인다.

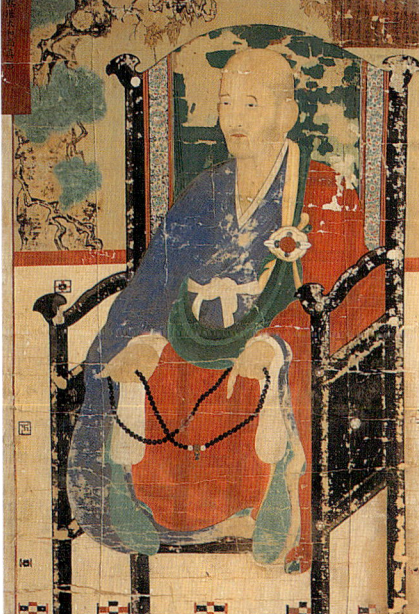

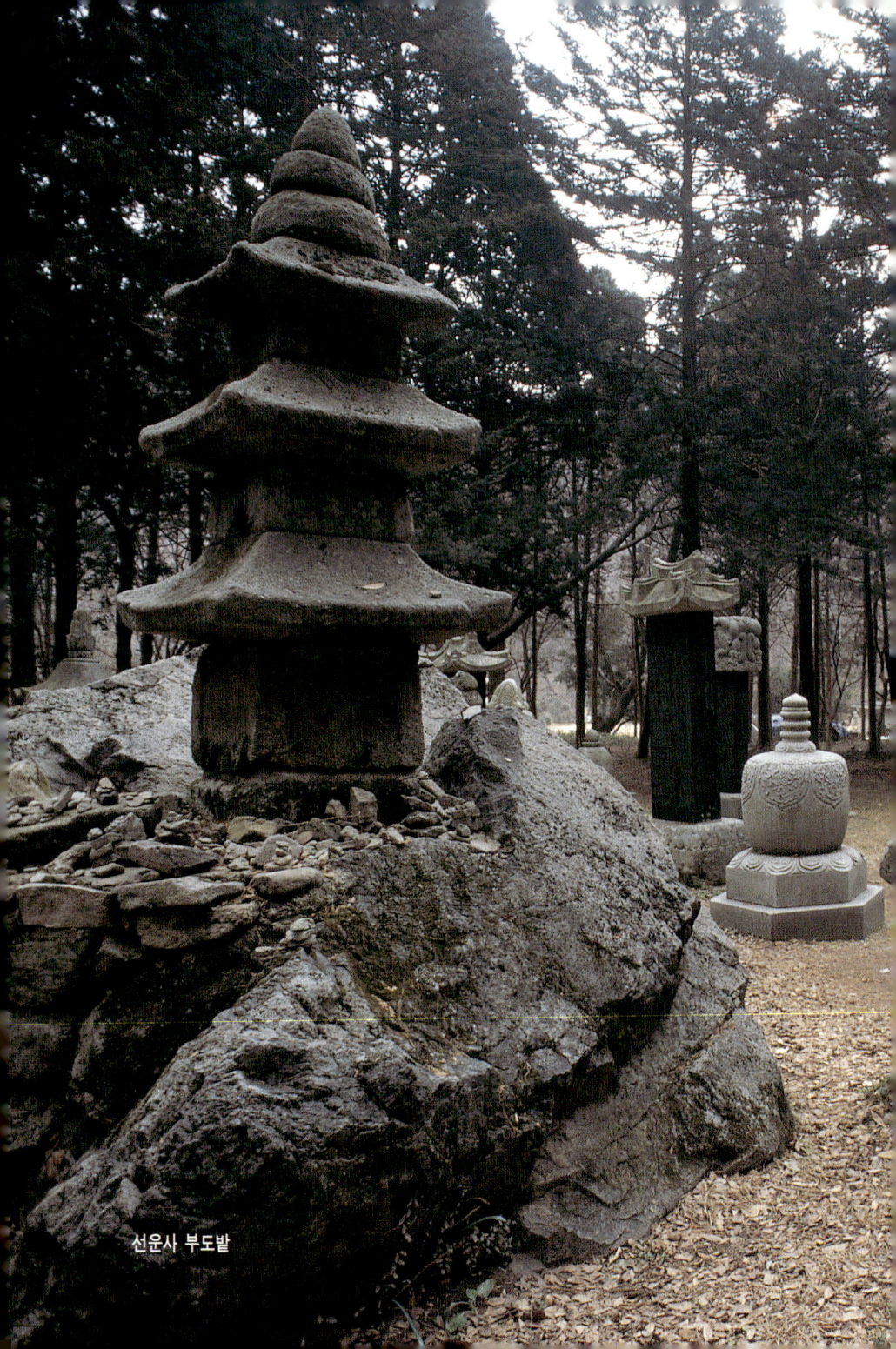

선운사 부도밭

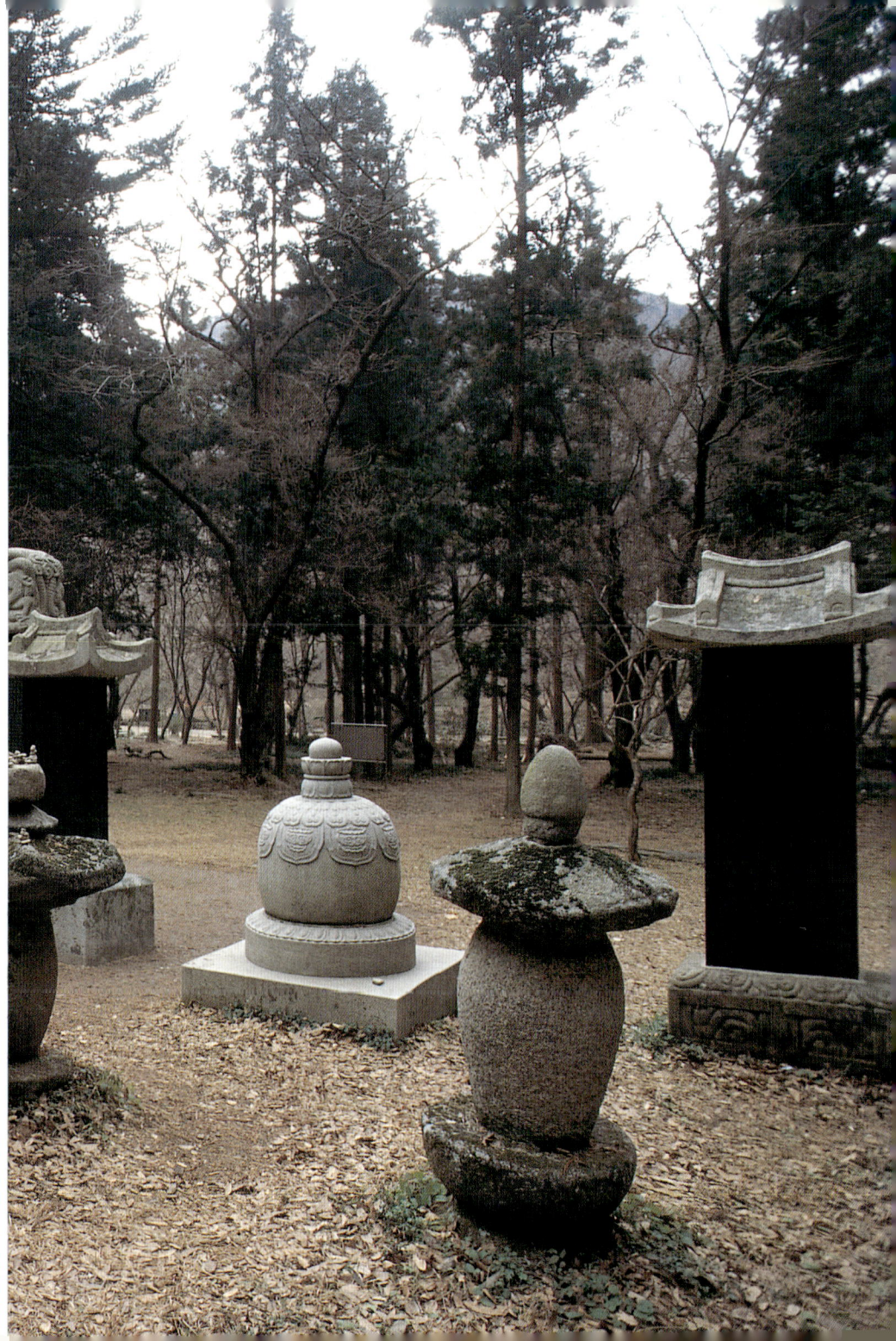

빛깔있는 책들 103-47

선운사

글	―고영섭, 강현, 유마리
사진	―손재식
발행인	―장세우
발행처	―주식회사 대원사
기획 편집	―김분하, 최명지, 정미정
미술	―최윤정, 위명자
총무	―이훈, 정문철, 박지현
영업	―이규헌, 강승일, 이광복, 김재윤

첫판 1쇄 ―2003년 2월 20일 발행
첫판 2쇄 ―2007년 3월 30일 발행

주식회사 대원사
우편번호/140-901
서울 용산구 후암동 358-17
전화번호/(02) 757-6717~9
팩시밀리/(02) 775-8043
등록번호/제 3-191호
http://www.daewonsa.co.kr

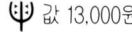 값 13,000원

Daewonsa Publishing Co., Ltd.
Printed in Korea(2003)

ISBN 89-369-0250-4 04220

빛깔있는 책들

민속(분류번호:101)

고미술(분류번호:102)

불교 문화(분류번호:103)

음식 일반(분류번호:201)

건강 식품(분류번호 : 202)

즐거운 생활(분류번호 : 203)

건강 생활(분류번호 : 204)

한국의 자연(분류번호 : 301)

미술 일반(분류번호 : 401)

역사(분류번호 : 501)